U0033697

海軍戡亂回憶錄

Memoirs of Navy
during Suppression of
the Communist Rebellion

四

沿海島嶼爭奪戰

Section IV: Coastal Islands

目錄

編輯説明

「一年準備，二年反攻，三年掃蕩，五年成功。」

國共戰爭期間，國軍為什麼在 1949 年遭逢空前未有的挫敗，是許多人日以繼夜嘗試解答的問題，包括國軍高層自己。隨著中華民國政府遷設臺灣，國軍高層生聚教訓，等待反攻大陸的時機，眾人亦不免回眸過去的慘痛經歷。

我們從《蔣中正日記》當中，便可看到 1950 年代反攻計畫的擬訂與推動，除了在軍備上須做充足準備，亦須反省戡亂作戰期間的諸般作為。

因此，在 1957 年，政府當局曾組織較大規模的檢討工作，由全軍上下針對戡亂時期的作戰經過，撰寫個人心得報告，內容包括當時戰役的準備情形、發生經過、國軍與共軍的優缺點等，作為反攻計畫的參考。

這些心得報告，自高階將領至基層士官兵皆有，因為每個人所處的位置，所能觀察到的面向，與戰後的檢討，各有不同的價值。

本套書《海軍戡亂回憶錄》，以戰役或事件分類，呈現抗戰勝利後，赴美接收八艦於 1946 年歸國加入作戰以來，至 1954 年大陳列島特種任務艦隊的海戰，九年之間海軍軍官的戡亂作戰回憶。

惟 1957 年距離作戰已過多年，人物、時間、地點、戰鬥過程等回憶難免有誤，同一場戰役的觀察結果也可能與他人不同，建議讀者仍可參酌其他史料、回憶錄，以取得對戰役的全盤瞭解。

（一）閩海前線

● **楊鴻麻**
作戰時級職：海軍泰安軍艦中校艦長
撰寫時級職：國防大學校上校教官

作戰地區：福建閩江
作戰起迄日期：38 年 6 月 10 日至 8 月 19 日

戡亂閩江作戰

一、一般狀況

　　民國三十八年六月奉海總部令，率泰安艦至閩江駐防，以增強當面海軍力量，並支援福州之保衛作戰，到達後經協同友軍數次戰鬥，至八月十五日，閩江北岸亭頭至羅星塔一帶，已被匪軍攻佔，閩江航道大受威脅，於八月十六日，乃率永嘉艦及砲艇五艘突圍，遂與匪發生慘烈戰鬥。

二、匪軍

（一）陸軍：亭頭至羅星塔間，匪約一個師。

（二）空軍：無。

（三）海軍：無。

三、我軍

（一）海軍：原駐馬尾地區，有我海軍馬尾巡防處，及所轄之台
　　　　　　南、海光等砲艇五艘，至八月十五日，永嘉艦增援到達。

（二）陸軍：駐守琯頭一個軍，及駐羅星塔有我新一師之一個團。

（三）空軍：駐福州機場空軍一部。

四、指揮關係

　　與當地友軍協同作戰，馬尾巡防處受福州綏靖公署節制，八月十四日奉海總電派本人擔任當面海軍指揮官，統一指揮閩江區所有海軍部隊。

五、作戰經過

（一）八月十三日率泰安艦深入三都澳掩護友軍增援部隊登陸，在三都本島與匪軍約兩個團遭遇，當即予以攻擊，我援增部隊一個營登陸未成，隨即返防。

（二）八月十五日艦泊羅星塔江面，至黃昏時發現部隊約千餘人沿亭頭江岸之山腰形成一路縱隊向羅星塔方向前進，判為匪軍，即用艦砲予以轟擊。

（三）是晚召集巡防處處長、永嘉艦長及各砲艇艇長來艦會商，決於十六日晨五時突圍。

（四）巡防處所有物資及人員連夜趕運，並分配乘搭各艦艇。

（五）八月十六日晨五時正，各艦艇同時起錨，依預先排定航行次序，開始突圍，本艦斷後。

（六）五時十五分突圍各艦艇受閩江北岸匪砲及輕重機槍等密接射擊，各艦艇同時全力攻擊，慘烈戰鬥遂即展開。

（七）五時四十分，艦隊抵達亭頭江面時，本艦中彈特多，舵機損壞，艦體直向石岸衝擊，經緊急處置後，得免擱淺，但舵機一時無法修復，本艦即在距岸二至三百碼之江中漂流，此時其他各艦艇，已航行較遠，無法作適當之救護與支援，匪軍火力，更得以集中向本艦射擊，本艦盡全力苦戰，幸於突圍前，已選定為閩江落潮時刻，因該江流力較大，每小時約五至六浬，因而泰安艦得籍潮流力量，且戰

且向閩江口漂流，至六時二十分左右，始脫離匪軍火力範圍，然泰安艦之損害，因而益更加重。

（八）約七時左右抵達琯頭，突圍各艦艇即在該處錨泊集結，一面整頓，一面請示以決定次一行動。

（九）奉總部電，將巡防處人員、物資送往海壇島後，派艦在閩江口接護新一軍之一個團及李延年將軍，遂於是日上午率突圍各艦艇駛海壇島，並派永嘉艦在閩江口執行總部指示任務，本艦於八月十九日將巡防處人員、物資卸竣後，奉令至馬公修理，此次作戰，至是告一段落。

六、戰果及損傷情形

　　是役本艦共發射各種砲彈七千餘發，全艦輕重傷共計十三員，本人亦在輕傷之列，泰安艦艦體及裝備亦受損頗重，其他各艦艇亦有傷亡，詳細數字現已不能憶及。至匪軍傷亡，料必慘重，其工事與陣地之被摧毀，實在意中事。

七、檢討

（一）此次匪軍由三都島竄至亭頭後，事前未有探悉，可見情報在作戰中至為重要。

（二）此次於突圍前，預期啟航時間，正係閩江落潮時間，因其流速較大，每小時五至六海浬，因而泰安艦在遇難當中，得藉水流力量，脫離匪軍火力範圍，否則逆流向上，該艦後果不堪設想，由此證明天候、氣象、海流在作戰計劃中為必須利用與估計之因素。

（三）當發現匪軍向羅星塔進攻時，即決定將巡防處及所屬各艇遷移琯頭後再，決定次一行動，如時間延長，匪軍火力增

大，或將閩江堵塞，則損害勢必重大，此可說明戰場指揮
無論功與防，在職責上，應有獨斷專行之權力。

（四）泰安艦在遇難時，由於江面狹小，情況複雜，且向石岸衝
撞之速度又大，其時艦體與人員之安全與否，全耐指揮在
一瞬之間所作之處置，可知戰場指揮官在危急時，應有機
智與沉著之本能與修養。

（五）泰安艦為接收日本賠償艦，至三十六年成軍後，當時裝
修及配備均未完成，即參加北巡及煙台、青島諸戰役，以
後即無時間再行整備。在馬尾駐防時期，火力仍極殘缺，
機器亦不良好，故遇良好機會，不能以強大之火力予匪軍
以致命之打擊。及至該艦至馬公大修後，艦上砲裝始得配
齊，然已失去許多殲滅匪軍之機會。可知在作戰當中，精
神故屬重要，但適當之裝備，應與精神成為正比，否則精
神旺勝，裝備低劣，亦難收殲敵致果之效。

（六）部隊地境線之空隙，似不宜過大，此次琯頭駐軍與馬尾駐
軍間之地境線，似太寬廣，至匪軍乘隙竄至亭頭後，雙方
部隊均未能及時予以殲滅。

（七）當時陸海空三軍，在作戰協調方面並不密切，可見聯合作
戰之思想與行動，實為戰爭中必具之基本條件。

● **張仁耀**
作戰時級職：海軍太湖軍艦中校艦長
撰寫時級職：海軍後勤艦隊司令部上校司令

作戰地區：金廈
作戰起迄日期：38 年 8 月至 10 月

金廈之役

（一）概述

　　余任太湖軍艦艦長，接任後未稍停息，北去渤海，隨即奉命駐防廈門，仍為第二艦隊黎玉璽司令旗艦。金廈地區最高指揮官為湯恩伯將軍，三十八年八月廿九日進抵廈門，當時廈門外圍已為匪所據有，因未參加任何高級軍事會議，匪方番號不詳，惟有一點曾與湯總部力爭者，即廈門內海沿海各據點必需建立橋頭堡，以保有內海海面之安全，俾我海軍艦艇始能活動而不受拘束，對戍守橋頭堡之友軍，海軍允予充分支援。局事雖緊，但態勢並不如何危急，如陸上各部隊能抱犧牲精神堅守到底，加之我海軍通力支援，廈門勢屬可守一相當時間。無奈雖經各將領之努力，主帥先遁，士氣大傷，遂轉勝為敗矣。本役經過數次重要戰鬥，分述於後。

（二）作戰經過

　1. 掩護登陸嶼仔尾

　　嶼仔尾亘南大武山之北山麓一帶高地，瞰制廈門海面，如置砲兵，則海面上之艦艇則無法活動，故在海軍立場，此點甚為重要，與湯總部建議，此要點決不能放棄，無奈陸軍高級

長官對海軍性能及使用均不甚瞭解，不經海軍同意，即撤退
嶼仔尾守軍。海軍提出嚴重抗議，如嶼仔尾不能收復，海軍
為安全計，只有移至大、二擔附近海面，對廈門正面無形暴
露，故湯總部有此顧忌，派葉薈西部強行登陸嶼仔尾，由本
艦作火力掩護，經協調於九月廿二日下午三時由本艦先行以
密切火力轟射，葉部隨即登陸，本艦依需要延伸射擊，未經
一小時，其第一波兩營兵力均登陸向高地推進。蓋此種強行
登陸，係利用白晝情況易於明瞭，聯繫容易，推進極速，加
之匪方佔據不久，尚無重兵器對抗。本戰鬥葉部虜獲甚豐，
廈門海面得予保持安靜矣。

2. 嵩嶼之役

陸軍劉汝明部與匪作戰，從不正面戰鬥，匪軍緊隨其後，待
該部退至廈門嵩嶼，已感無處可退，湯總部禁其撤至廈門本
島，恐其不戰，或有二心，令其堅守廈門島對海嵩嶼半島
之一角。為加強其作戰信心及提高其政治認識，本艦奉命密
予支援，對其正面約有兩師之兵力匪軍予以痛殲。九月廿七
日晨光甫照時，本艦以優勢位置深入敵我兩軍之側翼，予以
猛烈砲火之射擊，及與劉部密切之聯繫，轟擊約一小時許，
消耗彈藥甚鉅。而據劉部通報，匪方死傷亦逾五千，此役獲
得大勝，劉部為感激本艦，贈本艦「戰地良友」錦旗一面酬
謝，因此士氣大振，匪方壓力亦因大挫矣。劉部得據守嵩嶼
一角，對廈門島西南面威脅亦消失矣。

3. 鼓浪嶼及嶼仔尾之役

十月十六日適為中秋佳節，光明如洗，我海軍為提高警覺，
對匪各陣地擬予以轟擊，作為節禮。爰嶼仔尾經收復後不
久，陸軍又放棄，至十月中旬匪之砲兵已進駐該地，我艦隊

為安全計，白日已移至大、二擔附近海面錨泊。殊知我海軍
將行動前，接獲情報，匪亦利用月明之夜，大批船團由九龍
江進犯鼓浪嶼，事後並知另一批主力由吉美方面以扺廈門本
島之背。我海軍以全部兵力部署，初期戰鬥本艦先以熾盛火
力制壓嶼仔尾匪兵陣地，以掩護我艦艇進入鼓浪嶼海面，對
來犯之匪船團予以決定性之殲滅。鼓浪嶼本島防禦工事堅
強，並佈二道電網，故至午夜匪已得乘登陸，惟因觸及電
網，屍積如山，生擒約二百餘，但匪仍後繼不絕，適我海軍
趕至，予以猛擊轟擊，儘殲其後援，餘小星一股不戰而退。
在嶼仔尾方面，本艦在月光之下地位極不利，目標顯著，為
岸砲射擊之最好目標，然本艦於多次作戰之經驗，利用一般
在月光下誤近為遠之心理，利用巧妙之海上運動，接近匪砲
兵陣地，果不出余之所料，對本艦猛烈射擊，惟其以月光下
之目標誤近為遠，均採仰角定高，故匪彈均由吾艦之頂飛
過，余誓悉數殲滅匪岸砲，故雖遭匪之猛烈射擊，亦不回
擊，必達到我大小各砲距離能及時並在雷達顯示後始下令射
擊。此時正當月明，全艦各砲備齊待放，逾與匪岸砲接近，
匪砲逾猛，然其彈著均由吾艦太湖艦頂飛越而過，此時黎司
令見余指揮若定，亦不稍責，而指揮台附近年青官員屢建議
可以下令發射矣，余責其保持指揮台肅靜，惟可不斷向余報
告雷達距岸之距離。此時匪砲射擊轟炸聲以及彈道飛越曳曳
之聲猛烈交織，反之我艦指揮台鴉雀無聲，雖一針落地亦可
聞及，各員均控制呼吸，待余發令耳。雷達報告距岸兩千
碼，余始下令各砲「齊放」，此時我艦各砲一發即不可收失
矣，如萬馬奔騰，如流星之疾，反射海面月光亦為之變色，
各戰兒始稍得太息。隨之各員心花怒放，蓋匪砲毫無聲息

矣。經半小時以上不斷猛烈射擊，知匪毫無還擊之能力，斷匪兵陣地悉數燬滅，復又疾駛鼓浪嶼支援我各砲艇作戰，至午夜二時始返航。官兵異常興奮，均云送了一頓好月餅給匪過節也，任務達成後，廈門百姓均擬予次日慰勞慶祝，殊知清晨匪之主力已由吉美方面來襲得乘矣。守軍疾退，吾人之勝利似如曇花，回憶當時之心情尤有餘痛也。

4. 掩護廈門撤退

十月十六日正慶得勝利之時，而次晨陸上守軍即行撤退，此種失敗之迅速真如俗云：「兵敗如山倒」，廈門島背面防禦過於薄弱，湯總司令事先乘輪離廈，三軍無主，無人指揮，毫無抵抗，不憶昨日之勝利成為我方之廻光，不勝痛心之至。晨間沙灘部隊待撤，我海軍各艦艇除本艦獨負掩護之責來往巡弋，其他各艦砲艇均前往撤退，事出突然，毫無計劃，所好者為晨間尚可目及，指揮湯總部所遺高級幕僚人員均至本艦息休，有不及登艦撤退者，能獲一浮物者，均相繼跳海任其漂流，滿海浮滿人頭。本艦一方監視匪軍行動，一方放卸小艇救人，昨日冒莫大之危險而獲大勝，個個戰兒歡天喜地，殊知幾小時後有如此慘敗，其予人之刺激亦可謂殘酷矣。於下午三時左右始大部撤完，先至金門湯恩伯將軍仍安然存在，手諭獎賞海軍兩萬銀元，因不及領取，回台後向其領取，則云無款不發矣。

（三）檢討

軍種聯合作戰貴在協調多方，瞭解各兵軍之性能，使能指揮裕如。如金廈之各次戰鬥，主帥不求瞭解三軍之作戰方式，又一味固執，鮮能有圓滿結果哉。不知己不知彼，每戰必殆，何況湯

總司令本人指揮道德太差，茲舉數例以佐證之。

1. 在保衛淞滬及金廈戰役中，其均為最高指揮官，先控制快速商輪一艘錫麟號（後交由海軍改為德安艦），必要時便於先行逃逸，致其所指揮之部隊於不顧。

2. 在廈因與海軍意見不能協調，海軍力主先保有橋頭堡，彼堅持撤離，遂不甚愉快，故放謠言云，匪方擬以若干金條收買海軍第二艦隊司令黎玉璽，故意造成猜忌，幸前桂總司令對黎將軍早有認識，未受其惑。

3. 對下欺騙不義不信，吾人對匪作戰並非為獎金而來，為一方之統帥如湯總司令者，對部屬應首重信義，手諭獎賞吾人，通電全軍知照，而向其索取時又云無款，此種不認賬之高級統帥，實為鮮見，以其負以重任，軍隊焉不敗亡。

4. 常識缺乏，固步自封，一般陸軍於戡亂初期甚少與其他軍種接觸，對友軍性能不事研究，亂提要求，使人啼笑皆非。如要求空軍在天空停留轟炸敵人，要求海軍進入水淺之處支援（不懂海圖），因技術上不能達到此項要求，遂能引起陸軍高級幕僚之不滿，對其建議解說又不接受，是項人才令其指揮之軍，焉得不敗。當時吾人對高級長官不事進修，專求享受，誠感慚愧，此或亦為大陸失敗原因也。

● 胡嘉恆
作戰時級職：海軍太昭軍艦副長
撰寫時級職：海軍太和軍艦上校艦長

作戰地區：廈門鼓浪嶼

作戰起迄日期：38 年 9 月

剿匪戡亂作戰心得－廈門鼓浪嶼之役

一、經過概要

　　三十八年九月初旬，廈門戰況日緊，總統以在野之身，前往巡視，士氣大振，旋乘華聯輪返臺，由現副總司令黎玉璽將軍親率太昭、太湖兩艦護航，當時余任太昭艦副長之職，是日狂風急浪，華聯輪改航澎湖，俟艦駛近漁翁島時，即解除護航任務，奉令連夜駛返廈門港支援陸軍作戰，港灣警戒，掩護撤退。是晚，利用月光轟擊嵎嶼舊有砲台，以免被匪利用，並對溪龍江口至鼓浪嶼海上交通，予以摧毀，使其補給困難。當時，匪雖無海上兵力，然仍盡量利用帆船以維水上交通。

二、經驗教訓

1. 月夜作戰，目視距離誤差較白晝為大，常將距離估計過近，今日艦艇雖大都具有雷達裝置，但對彈著點顯示之設備，除陽字號外，其他艦尚無，未來海戰夜戰較多，故今後對夜間目測訓練，應加強實施，以實踐總統手諭：「加強夜間教育」之訓示。

2. 港內範圍狹隘，運動不便，艦砲時有死角，不能發揮艦砲全部火力，故大型艦作戰，須在廣闊海域內作戰為宜。

3. 海陸通信當時受通信器材之限制，通信情況惡劣，實不能發揮艦砲支援作用。

4. 是役雖未能直接對匪陣地轟擊，殲滅其攻擊部隊，然兩艦泊港，予匪精神威脅至大，加以對溪龍江至鼓浪嶼海上交通之封鎖，摧毀匪補給船艇，致使匪對我陸軍攻擊行動甚為遲滯。

5. 海軍艦艇，若用與岸砲或要塞作戰，實未能發揮海軍兵力機動性之特質。

6. 對帆船之轟擊，極不易使其沉沒，故用燒夷彈摧毀，最為有效。

7. 撤退時，未奉令將導航設備破壞，或在港口航道佈雷，致使匪日後得以利用外輪進出，以補其物資之不足。

● 黃克榮
作戰時級職：海軍洪澤軍艦中校艦長
撰寫時級職：海軍第一軍區司令部作戰處上校處長

作戰地區：福建省金門、廈門

作戰起迄日期：38 年 9 月 18 日至 20 日

戡亂金廈戰役

一、概述

　　卅八年六月我奉令接長洪澤軍艦艦長，該艦係美贈艦，二次大戰後停役碇泊菲島美海軍基地，乏人保養，機件短缺，拖至左營後成立保管組，組長于海峯少校保管年餘，未能積極成軍，當局引為憾事。我到職後，見該艦性能優越，火力強（主砲三吋一門、副砲 40 糎雙管一門、20 糎 6 門），速率快，近海作戰殲滅共匪當能發揮其潛在效能，立即計劃部署一切有關整修訓練事務，分頭並進，於短短三個月中，費盡心力，克服一切困難，按照計劃修理整訓完竣，於八月一日正式成軍。成軍後復積極整訓補足員額，其間有二事是當時見閩粵戰況緊急，奉令執行任務，無法解決者，一為無時間進塢勘修船底，致以後參戰時淡水櫃滲入海水，不堪入口，一為鍋爐缺乏零件，台灣無法購配，使用克難配件，致時告斷炊改食乾糧，最後由於全艦官兵忠勇用命，艱苦卓越，發揮無比革命精神，終能於金門一役殺敵致果，圓滿達成任務。爰就個人回憶所及，略述該戰役經過於後。

二、作戰前之狀況

　　當時閩南粵北土共四處騷擾，朱毛正規部隊不時突擊國軍，

謠言四起，變節叛亂事時有所聞，人心惶惑，廈門市面，表面上仍尚平靜無事，商店及娛樂場所仍照常營業，可見民心情況，好像大局與彼等無關。惟外圍情況日趨惡劣，友軍連絡不上，情況不明，匪正規軍在土共引導下，迅進廈門外圍據點，當本艦駛抵廈門時，有美宏艦靠岸撤退軍眷，中基艦搶灘撤退官校學生及裝備，聯錚、楚觀兩艦泊於港內擔任警戒，此乃卅八年九月十八日我艦抵廈門午夜前之情況。

三、我軍作戰指導

（一）十八日午夜臨危授命之指導

近午夜時刻，廈門巡防處處長王正經中校召見我云：

1. 接湯恩伯指揮官電令：「匪有經海面水道偷襲鼓浪嶼企圖，即派艦截擊」。

2. 在港艦以洪澤艦性能優越，運用靈活，速度快，火力大，貴艦雖不屬本處，仰即出港。

並下令自即時起駛往雞嶼海面，遇有自同安縣經海面來廈船艇一律擊燬，以明語無線電話連絡。

（二）十九日晚作戰指導

即駛往雞嶼近岸海面，如遇我陸上部隊發出紅色信號彈指示敵人方位時，即延伸射程，以主砲遮斷匪軍增援部隊，阻絕戰場，俾我陸上部隊盡殲入侵匪軍，我太湖軍艦相機掩護之，劉兵團並派連絡官一員登艦連絡，以明語無線電話傳遞戰情。

四、作戰經過

（一）九月十九日晚十時卅分，我艦在燈火管制下悄然離港，全

艦官兵進入戰鬥警戒狀態，於黑夜中駛抵雞嶼海面一帶巡邏，時聞斷續槍砲聲，並見海面時有燈光移動，即以 20 糎砲火控制，令該等目標就地錨泊，企圖黎明時活捉匪軍。當我艦發砲時，鼓浪嶼全市燈火熄滅，巡防處以無線電話詢問是否彈落該嶼，以致燈火熄滅，並警告英商亞細亞煤油公司油池在附近岸濱，應切實注意射擊方位，免生意外。我以堅定信心答云：我艦砲火指向海上目標，絕對不危害岸上，並建議該處可就近詢問該嶼當局何故熄燈，將情況分辨清楚，以免猜疑，動搖信心。此後由無線電話當中側聽該處向總部請求派艦增援電話，並聽悉二艦隊旗艦太湖號將於黎明前到達，黎明後見碇泊雞嶼海面四艘機帆船桅懸白旗，其中一艘機帆船派出一舢舨直駛我艦，似有要事請示或向我投降模樣，即分配所有火砲指向各目標，並以擴大器令敵船艇人員起立舉起雙手不准亂動，並以望遠鏡偵查其行動，見各船滿載軍人，當時內心暗暗自喜，此次全勝凱旋矣，直至對方使者登艦後，始悉是國軍某部（已記不清番號）自同安撤退來廈，因船上機件故障，延誤時日，與湯總部失去連絡，故有此誤會發生，幸我當機立斷，意欲活捉共匪，未將彼等擊燬，船上除載有官兵外，並有老幼婦孺眷屬，聞訊後莫不同聲慶幸道謝不已，經詳驗證明文件無訛，並請示上級後，飭彼等直駛廈門，向湯總部報到後聽後處置。

（二）廿日晚劉兵團派湯參謀到艦聯絡，十一時卅分在澳頭、劉五店及 123 高地附近有斷續白色閃光發現，遂後我方紅色信號槍指向匪軍進犯方位射出，經與第二艦隊黎司令之太湖旗艦密取聯繫，獲悉匪第 25 野戰軍主力企圖由公路向

我軍警戒陣地進犯，我艦當即選擇有利地點，砲擊匪軍陣地，漸次增大射程，以斷絕匪軍歸路及匪後續增援部隊。我軍士氣振奮，把握時機，在我海陸交織砲火協剿下，掃蕩殘匪，至黎明，餘匪紛向草仔尾、內坑、歐厝之線潰退，是役匪軍傷亡二千餘人，俘虜七百餘人，戰利品無算，此次輝煌的戰果，基於我海軍砲火集中，適時支援之獲得，全艦官兵不辭險阻，廢寢忘食，均抱有我無匪之決心，用能克敵致果，殊為難能可貴。

五、戰鬥後之狀況

此一戰為保衛金廈之序幕，贏得空前的勝利（戰利品如前述），民心士氣大振，湯總部為鼓勵士氣，論功行賞，我艦除榮獲現金獎勵外，並接受各界慰勞，當日將匪俘遊街，更能掀起剿匪之高潮，以期獲取更大之勝利。次日晚當局為防患未然，仍部署海上兵力，扼守水道，嚴密監視匪軍動態，安全部署，誠令人稱道。我艦因路經廈門，奉令參加此一戰役，此役既告結束，且增援之海上部隊已來接防，遂即奉令駛往汕頭駐防。

六、檢討
（一）劣點
　　1. 國軍在此戰役前無整個作戰應變計劃（含海空協同作戰），遇有情況只是應付而已，得失勝敗事前無縝密考慮及策劃，此次勝利只能說是機遇巧合僥倖耳，兵法曰：多算勝少算不勝，況於算稱，足資深省。
　　2. 國軍部隊上下失去聯絡，情況不明，產生混亂，如非當時處置得法，幾乎自相殘殺，將引為憾事。

3. 敵人未至即用明語無線電通話，洩密危害之大，不堪設想。

4. 戰前民心渙散，好像剿匪戡亂戰爭得失勝敗與彼等無關，此乃我缺乏宣傳工作也。

5. 事前不能掌握敵情，待敵至始倉促應戰。

（二）優點

1. 我艦適時適切，利用地形緊急砲火支援陸上部隊，阻絕匪軍後續部隊前進及戰敗之匪部隊後撤，形成封鎖戰場，給予我陸軍部隊一極好殲敵機遇，贏獲空前的勝利。

2. 我艦官兵上下能臨危受命，冒險犯難，廢寢忘食，同仇敵愾，一鼓作氣，殲滅犯匪，發揮無上之革命戰鬥精神。

3. 我艦能發揮克難精神，於短期內完成整備任務，贏得了此一勝仗。

（三）經驗教訓

1. 機警、沉著、企圖、應變，始能獲取意外收獲。

2. 適時適切，艦砲支援陸軍阻絕匪軍，匪人海戰術不但無法得逞，反而覆沒。

3. 提前完成戰備，才能機動，才能應變，才能獲勝。

4. 打無情報的仗是盲動，是危險，不但無法捕捉敵人，反而殺害了自己人。

5. 孫子云：用兵之法，無恃其不來，恃吾有以待之，無恃其不攻，恃吾有所不可攻也，此戰雖勝但終必敗也在此。

● **陳振民**
作戰時級職：海軍聯錚軍艦少校艦長
撰寫時級職：國防大學校上校學員

作戰地區：福建省廈門市
作戰起迄日期：38 年 9 月 22 日至 24 日

廈門嶼仔尾戰役

一、前言

　　自抗戰勝利後，曾在海軍各級艦艇服務，參加戡亂作戰，計有大小戰役八次（截至四十年六月止）。惟因歷次戰役，均係臨時奉命支援陸上友軍作戰，或應駐地陸上友軍商請協助作戰，幾乎全是以艦砲直接支援反擊匪軍而已，並未在海上與匪軍發生海戰。茲因當時國軍對於兩棲作戰及陸海協作戰尚無具體概念，更不講求計劃作為，惟對友軍任務之遂行，作簡單之協調耳，而且當時匪在海上尚無海軍艦艇活動，陸上亦鮮有火砲普遍使用，故每次戰役，一經見砲轟擊，匪軍馬上抱頭鼠竄，戰役即告結束。惟在廈門保衛戰中嶼仔尾一役，任務較為繁雜，殊值研討改進，謹就記憶所及報告如後。

二、概述

　　民國三十八年九月在海軍聯錚軍艦艦長任內，駐防廈門，配屬於海軍海防第二艦隊參加廈門保衛戰，負閩海海防與支援陸上友軍防守之防務，由京滬杭警備總司令湯恩伯將軍統一指揮，海軍艦艇計有太湖、永勝、永嘉、楚觀、聯錚等五艦，砲 101、砲 102、砲 76 號砲艇三艘，驅潛艇一艘，共計大小艦艇九艘，均由

海防第二艦隊司令黎玉璽將軍指揮。

三、作戰前之狀況

　　民國三十八年九月中旬，大陸東南半壁河山，幾將完全變色，匪軍緊迫廈門，岌岌可危，除廈門島由湯總部所轄之陸軍約五師與要塞部隊固守外，廈門市之對岸京口巖，由我軍沿內坑、石甲頭、石蒼線防守，每夜匪軍均來反覆攻擊，都由我海軍艦砲支援守軍擊退。直至九月二十日（概略日期），在廈門島西南之尾港守軍約一師撤回廈門後，廈門港之航道即將遭受封鎖，廈門島感受威脅甚大。翌日湯總部開會研討，決定派陸軍步兵一連在嶼仔尾登陸，佔領斜仔以東一帶高地，確保廈門港海面安全，以利防守。

四、我軍作戰指導

　　湯總部決定於九月二十二日上午十時派陸軍步兵一營，在海軍艦砲掩護之下，登陸嶼仔尾，佔領斜仔以東虎伯山、坑尾山、大寨山等高地，阻止匪軍威脅廈門港之安全。

五、作戰經過

（一）二十二日 0900 奉旗艦——太湖艦燈號通知，「於 1000 隨同該艦支援友軍至嶼仔尾登陸」。1000 本艦隨同太湖艦駛嶼仔尾北之附近海面，即以艦砲向匪陣地轟擊，匪軍即抱頭逃竄，經我艦砲轟擊後，友軍由廈門乘機帆船三艘，於 1030 抵達登陸灘頭，友軍在我艦砲掩護之下，順利登陸，並於 1400 未遭受匪軍抵抗，佔領了斜仔以東諸高地。1500 我艦任務完成，奉令駛返廈門內港待命，1800 奉命

仍駛嶼仔尾北海面警戒待命。

（二）2210奉令駛平礁附近，向大寨山以南砲擊，阻止匪軍向我守軍攻擊，2245即抵該處，開始向大寨山以南匪軍猛烈轟擊，匪軍攻勢即告沉寂。此時我艦已與守軍取得無線電話連絡，為防止匪軍乘黑夜潛入我守軍防地，我艦砲仍繼續向匪軍斷續轟擊，直至次日拂曉，匪軍又大舉進攻，並以迫擊砲向我艦攻擊，經我艦猛烈轟擊後，始告沉寂。惟陸上守軍遭受匪軍潛入背後攻擊，遂將大寨山、坑尾山放棄，改守虎甲山、虎伯山等高地。

（三）二十三日湯總部鑑於尾港方面之匪軍兵力業經加強，並有迫擊砲加入作戰，我軍似難扼守，並因我守軍陣地均係高山荒野，缺乏飲水，不宜久守，遂決定撤回。

（四）二十三日1700本艦奉令於當晚掩護我機帆船三艘至嶼仔尾撤退守軍，於2100抵達灘頭，此時我守軍電台已撤除，無法連絡，先由我艦向匪軍方向轟擊，陸上並未見有若何情況，乃仍以艦砲行斷續射擊，阻止匪軍追擊，以利我軍撤退登船。直至二十四日0300，我機帆船三艘始滿載守軍安全撤離，駛返廈門港，此役遂告終止。

六、戰鬥後狀況

此役除我艦無傷亡損害外，友軍與匪軍傷亡情形不詳，惟因該地被佔領後，廈門港之海上交通即被匪岸砲封鎖，廈門島亦遭受很大的危脅，以後廈門撤退時運輸艦船就遭受該地岸砲的很大困擾。

七、檢討

（一）我之優點

1. 艦砲威力足以有效鎮服匪軍之戰鬥意志。

2. 友軍戰志尚強。

（二）我之缺點

1. 我軍地區防守計劃欠週密，致有先放棄而復派兵奪取，喪失了有利之防守態勢。

2. 對於島嶼作戰觀念模糊不清。

3. 缺乏兩棲作戰概念，事先未作協調，亦無作戰計劃。

4. 對於突擊部隊之補給欠思考。

5. 海陸通信欠準備，致感連絡不靈，艦砲不能作適時適切之有效支援。

6. 突擊部隊無重武器配備，當然經不起匪軍的砲擊。

7. 撤退時，突擊部隊之電台撤除過早，致使支援艦完全不明敵情及友軍動態，支援困惑。

（三）匪之優點

1. 匪情報靈通，我軍撤退後，匪軍立即進入佔領。

2. 匪軍作戰行動迅捷，重武器跟隨第一線步兵前進支援作戰。

3. 匪就地而食，補給簡單。

（四）匪之缺點

1. 匪對艦砲威力過度恐懼。

（五）心得

1. 作戰計劃要思考週密，不能草率行事，以免錯一步而有影響全局無法挽救之遺憾！

2. 「通信第一」，是總統對於作戰之重要指示，凡是有戰爭行為準備時，必須先將通信聯絡弄清楚，否則，如同人無

耳無目，聽不到，看不見，如何能作戰？如何能贏得勝
利？尤其聯合或協同作戰為甚。

3. 無論聯合作戰或協同作戰，事先必須有充分之協調和週密
之計劃作為，才能發揮互助合作之效。

4. 山地作戰，對於後勤補給，應有妥善之策劃，以免匱乏，
影響戰力與士氣。

附表一　廈門嶼仔尾作戰經過要圖

民國卅八年九月二十二日起至九月二十四日止

附表二　部隊編制裝備與實有兵力比較表

部隊番號：聯錚軍艦

編制數		實有數	
官	12	官	12
士兵	49	士兵	47
火砲	20mm × 4 25mm × 2	火砲	20mm × 4 25mm × 2
重機	2	重機	2
步槍	10	步槍	10

實有兵力與編制兵力之比較：僅缺少士兵二名。

海軍海防第二艦隊指揮系統表

司令黎玉璽代將

登陸軍指揮官　聯錚軍艦艦長陳振民少校　太湖軍艦艦長張仁耀上校

● 謝克武
作戰時級職：海軍永明軍艦副長
撰寫時級職：海軍上校

作戰地區：廈門
作戰起迄日期：38 年 10 月

廈門會戰

一、日期

民國卅八年十月

二、作戰紀要

（一）兵力：永明軍艦及第二艦隊屬艦。

（二）任務：緊急增援廈門。

（三）敵情概要：匪軍渡海登陸廈門及鼓浪嶼國軍退守金門。

（四）經過概要：

永明艦接收後，整備成軍，而主機排氣管屢修屢破，壓縮
氣機不能氣密，壓力不夠，造船所每推諉塞責，使貽誤戰
機，且幾將百餘官兵及該艦埋身海上。

十月初奉總部命（副本）限於五日修理完畢，造船所申復
改期十日竣工，但屆時主機仍不堪使用，雖呈報總部而嚴
令已下，命速即增援廈門，向第二艦隊黎司令報到，經向
作戰署申述，但所獲答覆為：「如不能遵命，則向軍法處
報到」。身為軍人既不容申訴，唯執行命令，渡海峽後排
氣管再度破裂，海水灌入汽缸，壓縮空氣力量不足，雖盡
最大努力亦無法修復。斯時艦位已在東椗島附近，隨風漂

流後，崑崙艦拖帶赴馬公，中途斷纜，該艦滿載員兵無法再顧，嗣後太湖艦於台灣堆試拖又斷，待普陀艦到後，拖至距高雄卅浬處，因颱風將至，拖纜又斷，普陀拖艦亦不顧而去，於是漂流海上十一日，歷經颱風三次，於香港東南二百浬處獲救，回台。

三、心得

（一）艦艇之動力在機械於某種狀況下，非精神力所能改變其狀況，此次貽誤戎機，誠為余畢生最大恥辱，但全艦官兵業盡最大努力而不能挽回此種態勢，一如戰史中途島之役日海軍不顧潛艇之定期保養修理，迫令即駛珍珠港監視美空母部隊活動，潛艇隊雖遵令前往，但不能如期到達，使美艦隊之動態事先無法獲悉，遭致艦隊覆沒之危運，前車之鑑，今後用兵，仍有注意之必要。

（二）海上道德務須提高，使蔚為風氣，以免受無謂之損失。此次前後有六艦奉命拖救，三艦拖救失敗，不顧而去，三艦因風浪過大折返，崑崙、太湖二艦任務不同，似無可非議，普陀與其他三艦則顯無海上救難之道德，海上救難為世界海軍共有之美德，本艦於第九日淡水告罄時，始發出求救呼號，美國舊金山電台先收到，立即轉播，香港海事當局即派拖輪出動，附近美商輪一艘亦自行趕到，此種精神，我國實應予以發揚。

（三）艦長決心關係全艦安危，上級不合理之命令，用諸般方法使上級瞭解後果，此種觀念頗難解說，然此次艦長如能再向上級委婉陳述，可能使其瞭解而撤回成命，實不應唯命是從，招致困難，徒增上級之麻煩。

（四）無海上足夠之經歷不足以任指揮艦艇作戰之職，海上經驗隨服勤經歷而增，經驗越多，考慮越周，指揮作戰如無周詳之顧慮，必增執行之困惑。

● **陳東海**
作戰時級職：海軍聯錚軍艦少校艦長
撰寫時級職：海軍巡邏艦隊司令部上校參謀長

作戰地區：廈門、金門

作戰起迄日期：38 年 10 月 7 日至 25 日

廈門金門戡亂作戰詳歷及心得報告

一、概述

　　國軍自福建內陸總撤退後，多集結於沿海重要港口而固守之，為協助友軍防守，予匪以重創及掩護友軍撤退，我海軍艦隊乃配合友軍作戰以遂行上述使命。

　　卅八年九月聯錚艦奉命擔任金廈保衛戰，該艦隸屬海軍第一艦隊，派遣於第二艦隊服務，當時在該區受第二艦隊司令指揮之艦艇如附件一。

二、作戰前之狀況

　　匪軍於九月中旬已進據廈門外圍，至十月初國軍退守廈門（劉汝明兵團）、金門（李良榮兵團）及其附近較小之島嶼，匪軍為逞其全面佔領，乃以蠶食方法逐步攻佔我方佔領之島嶼，首先展開政治戰之謀略，派遣匪諜至我方從事誘惑、宣傳及破壞，擾我民心士氣。當時我陸軍以疲憊敗潰之師，實不足以言戰，復以節節敗退，福建交通不便，其原有之重裝備多已遺棄，即或必要之後勤支援，如輕兵器及彈藥等亦不易獲致，如此之兵員，如此之裝備，何足以與匪軍抗衡。況匪軍斯時已擁有重兵器，戰鬥

員較我為多，補充亦易。未經若何戰鬥，我已退出大陸，匪軍隨
即進佔大陸邊緣，對金廈島嶼形成半包圍態勢，我軍固守廈門
島、鼓浪嶼、梧嶼、大登島、小登島、大金門、小金門等島嶼，
匪軍則進抵將軍頭、大吾山麓、嶼仔尾、嵩嶼、澳頭、集美、蓮
河、瀏頭等地帶。

三、我軍作戰指導

　　由於當時之作戰雖然由戰區司令官湯恩伯將軍指揮，但未經
過各種程序，致無法擬具作戰計劃，而當時部署海軍各級幹部亦
多不瞭解，僅就余所記憶分述於下。

（一）海軍

　　1. 作戰指導

　　海軍之任務為協助支援友軍作戰及掩護友軍撤退。

　　2. 部署

　　（1）廈門港經常保持艦艇四艘駐巡。

　　（2）金門港保持一艘艦駐巡。

　　（3）廈門駐有海軍巡防處。

（二）陸軍

　　1. 劉汝明兵團主力駐廈門，鼓浪嶼約步兵兩團，梧嶼步兵
　　　一營。

　　2. 李良榮兵團主力駐金門，小金門約兩團，大、小登島駐
　　　步兵一團，裝甲兵一大隊駐金門。

四、作戰經過

（一）大小登之役

　　自金廈外圍嵩嶼、集美、澳頭等據點相繼失陷後，金廈已

形成被包圍態勢，大、小登島為金門前哨，距大陸僅數千公尺，低潮時可涉水而過。十月六日晚奉艦隊司令黎玉璽之命，聯錚軍艦駛赴金門北大、小登附近警戒，於六日2230起航，七日0130抵達蟹嶼附近錨泊警戒。七日1315匪蓮河105糎榴彈砲向我射擊廿六發，第六發落艦尾約五碼水中爆炸，破片落後甲板，人員及器材均無損傷，我艦即駛離，因距匪約一萬一千碼，本艦僅有25糎、20糎砲各四門，以射程不夠未予還擊，旋奉命駛返金門港錨泊警戒，於1718駛抵金門港錨泊，是夜大、小登即告陷落。

（二）廈門之役

十月十四日夜本艦駐金門港警戒，深夜接艦隊司令黎玉璽命令即駛廈門增援。本艦於十五日0105抵達廈門港，當夜情況無若何變化，十五日仍泊廈門港。是晚情況轉急，匪由集美、澳頭乘低潮突擊進攻廈門島，我守軍抵抗甚烈，足以匪人海戰術，我方守軍兵力單薄，加以傷亡無從補充，防線遂被突破，我軍節節敗退。深夜聯錚艦奉命押中103、中109兩登陸艇於拂曉前登陸曾厝港撤退守軍，本艦先後即靠中109、中103，通知其於1016 0330駛曾厝港搶灘，當本艦駛至嶼仔尾靠中103時，適我空軍飛機一架臨空投照明彈，幾乎暴露本艦及中103予匪。及晨0330，中103、中109先後搶灘，0510中103裝載完畢撤退，中109拂曉後仍未退離，乃被匪發現，遭嵩嶼及嶼仔尾匪砲射擊，本艦乃通知其速撤離，並發砲制壓嶼仔尾匪砲，中109險遭不測，足告撤離，左舷中斷段命中匪砲一發，傷亡十數人。之後，本艦及驅潛202、驅潛203在廈門港撈救泅水撤退之友軍，本艦計撈獲廿六人，護送至金

門防衛部。1237 雞嶼匪砲向港內各艦射擊，本艦奉命駛
赴金門，於 1453 駛至金門，廈門遂告淪陷。

（三）金門之役

十月廿五日夜，本艦錨泊小金門警戒，一時許突聞砲聲隆
隆，余即登駕駛台全艦備戰，遙望金門島北方濱海地區形
成一片火海，廈門及大、小登島、蓮河一帶匪砲不下百門
一齊向該地區發射，本艦乃駛向金門港，惜以當時陸海無
法構成聯絡，又無聯合作戰計劃，復以深夜黑暗，無法辨
認敵我，致無法做有效近接支援，待天明後雖目標可辨認
清楚，但陸海仍未能構成聯絡，對岸上戰鬥情況之進展無
從瞭解，致無法作有效支援射擊，此戰役中海軍僅能發揮
助威作用而已，陸軍由於胡璉兵團之及時增援，獲得了空
前勝利！

五、戰鬥後狀況

（一）敵我損失統計

1. 大小登之役

敵方無若何損失，我方海軍無損失，陸軍損失不詳。

2. 廈門之役

敵方損失不詳，我方海軍無損失，陸軍約二萬餘人，僅撤
退數千人。

3. 金門之役

敵方傷亡及被俘約一萬柒仟餘人，我方海軍無損失，陸軍
傷亡不及千人。

（二）影響

    1. 大小登之役

        （1）金門缺了前哨島嶼而暴露於敵前。

        （2）士氣更形低落，動搖了保衛金廈的決心。

    2. 廈門之役

        大陸沿海最後據點亦告失陷，由於撤退之漫無計劃，士氣更為沮喪。

    3. 金門之役殲滅來攻匪軍，士氣為之一振，挽回了三年來戡亂喪失之軍心，奠定了確保金馬台澎，反攻必勝之堅定信念。

六、檢討

（一）我軍優劣點

    1. 大小登之役

        劣點

        （1）裝備不好。

        （2）工事不堅固。

        （3）士無鬥志。

        （4）無空軍支援作戰。

    2. 廈門之役

        劣點

        （1）預備隊缺少。

        （2）武器欠精良。

        （3）軍心渙散。

        （4）無直協戰術空軍。

        （5）無撤退計劃。

        （6）撤退工具（船舶）未能完全利用。

3. 金門之役

　　優點

　　（1）援軍及時到達。

　　（2）軍心振奮。

　　（3）裝甲部隊參戰。

　　缺點

　　（1）海軍未能發揮效能。

　　（2）無戰術空軍直協。

　　（3）聯合作戰體制不能建立。

　　（4）裝備較差。

　　（5）重武器缺少。

（二）經驗教訓

　　1. 聯合作戰體制及協調等事宜，每一軍官均須有深刻概念，以期發揮效能。

　　2. 軍隊武器裝備及後勤支援不可忽視。

　　3. 撤退應有詳細之計劃，亦如作戰計劃然。

　　4. 如何挽回頹喪之士氣為部隊長不可或缺之才能。

（三）建議

　　1. 戰鬥部隊必須保持裝備完整無缺。

　　2. 要有充分之後勤支援。

　　3. 戰敗之軍隊應調至非作戰地區予以整訓後，始可再戰。

附件一　金廈地區受第二艦隊司令指揮之艦艇

海軍第二艦隊
司令黎玉璽

太湖軍艦	楚觀軍艦	聯錚軍艦	驅潛203艇	驅潛202艇
張仁耀	陳振民	陳東海	關景襄	李濟民

● **馬焱衡**

作戰時級職：海軍中榮軍艦上校艦長

撰寫時級職：海軍兩棲訓練司令部少將司令

作戰地區：金門

作戰起迄日期：38 年 10 月 25 日至 27 日

金門戰役

一、概述

（一）部隊沿革

　　海軍中榮軍艦原係美國海軍坦克登陸艦 574 號，為戰後援贈我國艦船中之一艘，先由招商局接收，嗣後價讓海軍江南造船所，改名「江運」號，作運輸之用。三十八年五月八日奉海軍總司令部命令臨時編組成軍，命名中榮軍艦，直屬海總部指揮，並裝載江南造船所人員、物資由上海撤運來台灣，經整修訓練重新裝備武器，始正式編隸艦隊服勤。

（二）海軍參戰部隊戰鬥序列如左表

海軍第二艦隊（一部）
黎玉璽

太平艦——馮啟聰

中榮艦——馬焱衡

聯錚艦——陳東海

楚觀艦

金門巡防處——王正經

南安砲艇

准安砲艇

二〇二艇

二〇三艇

砲一五艇

砲一六艇

二、作戰前之一般狀況

　　自三十八年十月十七日匪軍竄陷廈門後，金門形勢更顯孤立，同時偵知匪軍集結兵力構築接近金門、大嶝、小嶝、角嶼、大伯、小伯等島嶼之砲兵陣地，加緊渡海準備，企圖進犯。金門我軍為期殲滅犯匪，一面加強金門防禦工事，集中兵力嚴加戒備，一面報請東南軍政長官公署派兵增援。迄十月十九日第十二兵團胡璉部隊奉命自汕頭由商船裝運抵金門增防，中榮軍艦同時奉海總部命令由基隆駛金門向湯（恩伯）總部報到，擔任撥運增防部隊至料羅灣登陸之任務，經日夜分批陸續撥運，直至二十四日始轉運完畢，使金門防守兵力大為增強，振奮軍心士氣，造成此役輝煌之勝利。

三、我軍作戰指導

在確保台灣，待機反攻大陸政策指導之下，金門形勢極關重要，我軍必須鞏固此前哨島嶼作為反攻大陸之前進基地，並資扼制匪區閩海南北交通之咽喉，監視匪軍行動，屏障海峽安全。我海軍為協同作戰，阻擊匪軍進犯，確保防區海權起見，乃以第二艦隊駐澎湖，擔任金門區及海峽之防務，並經常派艦艇駐金門巡弋警戒，另設金門巡防處，擔任艦艇補給及與友軍連絡之任務。

四、作戰經過

二十五日上午二時許，集結大嶝海面之匪軍船團利用有利之潮流風向（東北季風），乘黑暗發動向我金門后沙、壠口、古寧頭一帶突襲登陸，同時大伯、角嶼、大嶝、小嶝等處匪岸砲五十餘門，向我官澳、西園、觀音亭山、古寧頭等地猛烈射擊，以掩護其船團登陸。當時中榮艦錨泊水頭附近海面警戒，得知匪軍進犯之戰況後，經即採取以下處置：

（一）指揮備戰，嚴密防範警戒，並通知在港各艦艇備戰。

（二）與陸上守軍（湯總部）及金門巡防處密取連繫，了解戰況，並轉報海總部，同時向第二艦隊報告，請迅即派艦增援。

（三）以在港資深艦指揮二○二號艇及南安砲艇駛古寧頭西北海面，阻擊匪船團。

（四）指揮聯錚、楚觀兩艦擔任小金門至梧嶼一帶海域巡弋警戒，以防止匪軍進犯小金門。

（五）黎明五時中榮艦駛古寧頭以西海面加入戰鬥，以猛烈砲火阻擊匪軍渡犯增援，同時由無線電話與湯總部海軍副參謀長黃承鼎上校保持連絡，得悉匪軍已竄據古寧頭一帶碉堡，憑藉堅固工事向我二○一師攻擊猛烈，要求我艦砲支援制壓，

乃就指示區域目標集中火力向匪軍掃蕩射擊，激戰一小時餘，射擊千餘發。在事後聞友軍談及當時戰果，經我艦砲猛烈射擊後，不僅制壓匪軍攻擊銳勢，且殲匪甚夥。嗣後中榮艦奉命轉運陸軍部隊，於八時許脫離戰場，另以二〇二艇及南安砲艇協同陸軍作戰。二十六日第二艦隊司令黎玉璽率太平艦冒惡劣氣候由馬公駛來增援，指揮各艦艇協同陸空軍殲滅掃蕩殘餘匪軍。迄至二十七日上午十時許，戰鬥始全部結束。中榮艦於二十八日奉命擔任傷患後送任務，載運我軍受傷官兵一仟餘人駛高雄轉後方醫療。

五、戰鬥後狀況

此次作戰自十月二十五日上午二時開始至二十七日上午十時結束，為時雖不及三日，在我三軍協同作戰，官兵忠勇用命之下，使來犯匪軍全軍覆滅，造成輝煌戰果，獲得無尚光榮，奠定保衛台灣反攻大陸之堅強基礎。尤以我軍自大陸迭次失敗以來，經過此次大捷，實能振奮當時之民心士氣，改變國際觀感，對我反共抗俄革命前途影響極為重大。

六、檢討

（一）匪軍方面

甲、優點

    1. 企圖旺盛，冒險犯難，匪軍乘攻陷廈門後之銳氣在一週內再發動攻勢進犯金門，又在毫無渡海登陸作戰之經驗與充分準備下敢進行作戰

    2. 步砲協同良好，砲兵火力熾盛，匪船接近灘頭時即以信號與砲兵連絡，其砲兵群即向我方發射，構成彈幕，掩

護登陸，並逐漸延伸射擊，使其步兵得以擴張戰果。

3. 幹部控制嚴，戰志頑強，匪軍登陸時在我密集火力下仍能冒死直衝，發揮其人海戰術，前仆後繼，又在戰況不利時仍能負隅頑抗，憑堅死守，實皆為匪幹所控制。

4. 克難創造登陸裝備，在無登陸艦艇及救生裝備時，能利用帆船及以竹或油桶克難製做之救生器具代替使用。

乙、匪軍失敗之原因

1. 情報不確，判斷錯誤，匪軍攻擊金門之計劃係判斷我軍實力最多不過六個團而測定，但對我十二兵團之增防未能獲知情報，修正計劃。

2. 無兩棲作戰能力及裝備，匪軍因自滿於渡江、平潭、廈門等地之順利得手，認為金門亦不堪一擊，但實際並無渡海兩棲作戰之經驗，又缺乏兩棲作戰之各項特種裝備，而且無海空軍支援，只靠砲兵掩護盲目射擊，不能有效支援。

3. 後續部隊不能增援，匪軍船隻準備不足，不敷應用，而且當時風向潮流雖利於發航，但回航則困難，又船隻大部遭我軍擊沉破壞，故使其後續部隊無法增援，而第一線部隊自難保持其持續戰力，愈戰兵力愈弱，挫折士氣。

4. 指揮連絡不靈，匪軍突擊第一線部隊無高級指揮官統一指揮，以致攻擊失利時無指揮核心，不能統一調度，且通信連絡欠靈，致部隊紊亂，行動不能協調，因之自相誤會，發生火拼。

（二）我軍方面

甲、我軍致勝因素

1. 優勢之兵力，我十二兵團之增援為戰略上適時轉移兵力

之成就，不但增強兵力，而且振奮士氣。

2. 海空軍協同作戰，海空軍協同作戰密切支援，阻擊水上交通，使匪軍後續部隊無法增援，同時對已登陸之匪軍能協同殲滅。

3. 戰車協同戰鬥，能高度發揮火力，將竄據堅固工事之匪軍予以殲滅。

4. 卓越之指揮和團結合作，在統一指揮下，各級指揮官均能貫澈命令，協同良好，而且親臨前線督戰，振奮軍心士氣，在海軍方面而言，當時在港艦艇中無法定之統一指揮官，而中榮艦臨時以資深艦長身分指揮在港各艦艇協同作戰，並無混亂情事，均能團結合作。

5. 通信連絡良好，海陸通信良好，能保持密切連絡，把握敵情，瞭解戰況（中榮艦與湯總部無線電話連絡），使艦砲射擊能有效支援。

乙、我軍（海軍）之缺點

1. 當時參加作戰各艦艇均無雷達設備（除太平艦），致使夜間航行和作戰均感困難。

2. 各艦艇之火砲口徑小，射程短（多係四十公厘以下口徑），不能摧燬制壓匪軍岸砲及砲兵。

3. 欠缺情報觀念，當時駐金門各艦艇對當面匪軍情報，事先事後均無所悉，上級既未能頒發有關資料，本身亦不知從事蒐集，在匪砲向金門發射猛烈時，尚不知匪軍早已準備企圖向金門進犯登陸，而僅認為係擾亂性之射擊。

● **伍時烔**
作戰時級職：海軍聯利軍艦少校艦長
撰寫時級職：海軍海灘總隊中校參謀主任

作戰地區：福建閩江口
作戰起迄日期：39 年 6 月 18 日至 19 日

閩江口戰鬥－閩江口殲匪大捷

一、作戰前之狀況

　　共匪三十八年竊據大陸以後，台灣便遭最大的危機，因為奸匪知道台灣的存在，對他是致命的威脅，只有他有一份力量，決不容許我們中華民國政府站在台灣，重整陣容，進圖反攻，故即作攻台的準備。我們殘破不齊的軍隊，北到舟山，南到海南島，這樣漫長的一條戰線，要處處堅固設防，無論如何是不可能的。國軍乃於三十九年四、五月份先後自海南島及舟山主動撤退，集中軍力，確保台灣，戰爭形勢立刻便進入到一個新的情況。因為匪軍除了侵據海南島、舟山群島以後，又加強沿海兵力，企圖再佔領大陳、馬祖、金門等島嶼，作為攻略台灣之基地。因此匪軍便在該等地區增加海道運輸，儲備物資來完成他們在戰略上所欲爭取的優勢佈署。

　　我軍自海南島、舟山群島主動撤退後，為求確保台灣，就在大陳、馬祖、金門等島嶼增強兵力，以資固守，因為這等島嶼，不但是保衛台灣的前哨，而且是反攻大陸的跳板，故須作安全部署，派遣精練陸軍駐守，及派遣艦艇駐防，支援作戰。在戰略運用上，採取攻勢的防禦，利用海上的游擊部隊，在海軍艦艇的支援下，隨時隨地突擊登陸，消滅匪軍，阻止兵力集中，同時我海

空軍隨時出擊，摧毀敵人渡海工具，對阻止匪軍渡海作戰，攻略沿海島嶼頗有功效。

二、我軍作戰指導

　　當時馬祖群島已成立防守指揮部，指揮官由當地陸軍最高部隊長兼任，直轄陸軍一師，駐守馬祖本島，防守外圍島嶼的閩海游擊縱隊，也受其節制。而海軍馬祖巡防處管制之軍艦三艘、砲艇三艘，協同陸軍防守作戰，經常巡邏附近沿岸一帶，以截擊匪軍海上兵力及渡海工具，來完成我們確保馬祖的神聖任務。

　　三十九年農曆五月四日（陽曆日期已記憶不清）的下午，我所率領的聯利艦奉命巡弋於白犬島、馬祖之間，永泰艦巡航於白犬島之東南。一六三〇時，我艦在七星礁附近向馬祖航駛途中，瞭望人員突然發現閩江口海面有共匪武裝船隊十四艘，出閩江口西南緩緩航進，斯時我認殲匪良機已到來，惟如即時向閩江口衝進，不但匪船隊可以安全逃脫，重入閩江，且共匪在閩江口已安裝岸砲，我艦也可能受到嚴重損害，故只假裝不發見，而轉向白犬島，與敵人同航航行，準備選擇適當地點及時間，以迅雷不及掩耳的行動，一舉而殲這支匪軍。又以我艦左俥已損壞（未駐防前已壞），航速僅四浬，武器也僅舊式三磅砲一門、四十糎砲一門、二十糎砲四門，倘使以一艦與戰，不但我艦航速追不及共匪船隊，而且火力亦難將匪船隊盡滅，乃與永泰艦聯絡，通知情報，請其迅速航進支援，而期盡滅匪軍，並承該艦艦長黃崇仁同意，盡可能前來前來支援，經此相機部署，確已下定共匪全軍覆滅的悲慘局面。

三、作戰經過

一七一〇時發現共匪船隊已抵石湖，離開共匪閩江口岸砲射程以外甚遠，再南下之地區，就是白沙灘灣，岸上環山，交通困難，共匪船隊已無岸砲掩護，為殲匪優良戰場。同時永泰艦在航進途中，我艦即以全速轉向匪船隊航進，阻截匪船隊北，並通知永泰艦全速向戰場航駛，阻截共匪船隊南方，兩艦開始備戰，於一七五〇，共匪船隊已被我兩艦堵截在白沙灘灣，此時匪船隊進退維谷，甚為慌張，進距匪船隊約二千碼處，我兩艦船向共匪船隊發砲射擊，並開始心戰，利用擴大器喊話，要匪軍放下武器投降，但匪軍在其匪幹嚴密之控制下，不但不放下武器，反且加強發射輕武器抵抗，企圖衝出白沙灘灣，以求逃脫，於逼近永泰艦一〇〇碼處，經展開熾熱砲擊後，復退回灣內，此後毫無抵抗的忍受我方猛烈射擊。至黃昏時，匪船中彈起火者四艘，其餘十艘亦已中彈重傷，傾斜半沉半浮狀態，無法逃逸，船上的人員紛紛跳水，以作個人生命垂危之掙扎，因太陽西斜，夜暗來臨，我們雖想救援，但為我艦自身之安全，也只可忍痛置之不顧，轉向回航，2200 時抵達馬祖泊地。

翌日（端午節）晨為澈底俘獲或消滅殘餘匪軍人船，我兩艦相隨航回戰場，於抵達時，受重創之匪船，依舊漂流近岸海面，或置灘頭，乃決定永泰艦巡航戰場，資以監視，我艦趕航白犬島，洽請閩海游擊縱隊，派往機帆船一艘，一四三〇到達戰場。原計劃由艦砲火掩護下，機帆船航進灘頭，將受傷匪船全數拖出，詎知，匪軍岸上輕武器部署完善，構成嚴密火網，在遠距離前，則一彈不發，於我機帆船將靠匪船時，即展開熾熱射擊，彈著如雨，我機帆船不得已而折轉航出，以俘獲困難，我兩艦始再展開猛烈射擊，殘餘匪船均中彈相繼起火或沉沒，而惠予共匪

端午節的重大禮品——全軍悲痛覆滅。

四、戰鬥後狀況

農曆五月五日一六○○，我艦停止射擊，相隨返航，前後二次攻擊，總計砲擊時間約二點三十分，此次戰鬥，不僅作戰時間長久，戰果豐碩，而且殲滅戰最為澈底，我方官兵又無傷亡，悲傷的覆滅，完全在敵人之一方，這種輝煌的戰果，的確是我海軍戡亂戰甚罕見的。

我兩艦達成任務，凱旋返抵前線基地——馬祖後，該地區防守指揮官，極表欽佩，經備文呈報國防部，請領二艦獎勵，官兵論功給予勛獎，以示激勵。

五、檢討

這次戰鬥，的確是一次澈底的殲滅，吐出我們在大陸的失敗久抑壓在內心的悶氣，而致勝的原因，探討再三，臚陳數點如左：

（一）沉著應戰：當我艦發見共匪船隊之時，倘使不沉著應戰，讓予共匪船隊緩緩南航，而遽然衝進，共匪船隊必能逃脫，重入閩江，喪失殲匪良機。

（二）欺騙謀略：我艦發見共匪船隊之初，假裝不見，航向轉向外，共匪以為真的我艦未見他們行動，靠岸南航可獲安全，可是卻中了計，而遭全軍覆滅之慘痛。

（三）選擇戰場正確：白沙灘灣附近無岸砲掩護，周圍環山，道路崎嶇，交通困難，故附近地區重武器支援費時，且匪船隊被攔阻灣內，衝出突圍不易，我艦在其輕武器射程之外，從容射擊，匪船誠如囊中物。

（四）協同作戰：共匪船隊航速每時九浬，我艦每小時僅四浬，
　　　航速遜匪甚遠，如永泰艦不及時趕到，攔截共匪船隊之
　　　南，我艦——聯利當無法追及，且火力亦不足以全殲共匪
　　　船隊，故此一輝煌戰果，實賴協同作戰所獲致。

　　上述各點，誠係我們這次作戰獲致全勝之重要因素，惟對於
匪幹控制部隊之嚴密，臨危之時，毫無抵抗能力，尚可寧願玉碎
不求瓦全，不屈服、不投降之精神以及沉著作戰，彈無虛發之優
良習慣，在此反攻作戰前夕，亟需研究，如何針對這等事實，
如何始能攻破共匪這等優點，而期加速完成我們國民革命第三期
任務。

● 鄒堅
作戰時級職：海軍太湖軍艦中校艦長
撰寫時級職：海軍上校（石牌聯戰班六期）

作戰地區：北礵

作戰起迄日期：44 年 8 月

北礵青嶼戰鬥

1. 作戰經過概略

四十四年八月，於太湖艦艦長任內，奉命擔任北區支隊旗艦，由馬兼支隊率領太湖、太倉、湘江、澧江四艦，夜間由馬祖出發，沿大陸各島嶼北上，捕捉匪艦艇，截斷其沿海交通。該晚一時許，駛入四礵列島，於青嶼附近發現匪船兩艘（雷達發現），當即接近，至四千碼左右，四艦奉命齊射，集中砲火，未久目標即告消失，判斷已被擊沉沒。之後雖由湘江、澧江前往搜索，終因天色太黑，無法發現落水人員而返航。

2. 心得及教訓－主要為夜間戰鬥

（1）夜間作戰，以目前太字級艦，砲火指揮及雷達測定目標，尚不合理想，準確性不大。

（2）夜間如雲層甚低，天色大黑，三吋砲之照明彈幾無法發生效果。

（3）隊形保持不易，各艦常有脫位者。

（4）由於各艦位置不易保持，辨別敵我也較困難，故應特別慎重，以免誤傷友艦，惟目前各艦所用之美式曳光彈，對辨別友艦極易辨明，可供參改，但如匪艦也用此類彈藥時，則須注意不可被其欺騙，最好仍以按裝 IFF 儀為宜。

（5）四礵列島中，海面不寬，以四艦深入，運動不便，且為
　　　匪快艇伏擊之最好場所，故以戰術觀點而言，似不宜以
　　　多艦編隊進入匪沿岸島嶼，而應以小艦進入搜索為佳。

（二）從登步大捷到舟山撤退

● 蔣錫山
作戰時級職：海軍防七艇少尉艇長、中尉艇長
撰寫時級職：海軍新高軍艦上尉副長

作戰地區：金塘、六橫、桃花等區
作戰起迄日期：38 年 5 月下旬

舟山群島群島保衛戰詳歷心得

所屬戰鬥序列：海軍第一艦隊
作戰地區：金塘、六橫、桃花等海面
參戰時單位：海軍第一機動艇隊防七艇
級職：少、中尉艇長
直屬長官級職姓名：上校艇隊長李連墀
作戰起止時間：卅八年五月下旬至卅九年五月下旬
作戰日數：一年

作戰經過概述

　　卅八年五月下旬淞滬保衛結束，我軍轉進舟山群島，匪於囊搶大陸後，以無海空軍支援，對我防衛之島嶼採諸島進攻戰法，在舟山半島對面匪軍吳逆化文之部隊以穿山半島之三山等處之岸砲掩護，先後登陸我大榭、小榭等島嶼。至作戰經過，九月三日晚七時左右，大、小榭及三山等地匪軍吳化文部隊以一〇五及一五五大砲向我定海港外之馬秦水道、大貓、金塘及舟山本島猛轟，經判斷匪軍企圖係以密集砲火封鎖馬秦水道，仍阻止我海軍艦艇對友軍支援，而安全渡海佔領我外圍島嶼或登陸本島，我隊長李連墀上校於判明匪之企圖後，當即親率防一、防二、防七、防八等四艇冒匪密集砲火，以快速駛至大貓全嶼之山嘴下錨泊，

並另派兩艇巡弋搜索，以發現匪渡海時腰擊其渡海船團。至十一時左右仍無任何情，然匪砲延伸射擊，係匪強渡之先聲，隊長遂率四艇向金塘方面巡弋，當時大雨傾盆，能見度什低，各艇間距離僅約五十碼，及後三山、大浦口間發現我金塘岸邊有大批帆船，當即以熾烈砲火向其轟擊，因距離頗近，故彈無虛發。此役計擊沉匪船三三艘，傷其十餘艘，予以極大打擊，因而匪軍第二波登陸部隊是夜未敢再渡。如當時適靈活守軍能與我配合作戰，則已登敵不難我一鼓而殲滅之，然當時我金塘守軍一二一師朱師長所部於匪軍少數登陸後未予抵抗即行撤離，而後金塘於次晚全部陷匪。

戰鬥後狀況

金塘陷匪後，因西後門、金塘等水道皆在匪岸威脅下，我海軍大艦無法活動，自是更加重了我艇等對定海右翼海上之責任，晝夜與匪週旋，且經常於夜間在三山、大浦口之狹小水道（僅三千餘碼）巡，以截斷大陸對金塘之補給，先後計捕獲匪船四艘，匪俘廿餘名（內有一艘匪軍遙見我艇棄甲跳海，僅餘船伕一名），俘獲六〇迫砲彈兩仟餘發，輕重機槍、半自動步槍、手槍等廿餘支，軍米兩佰餘擔，手榴彈及輕武器子彈無數，且因捕獲匪俘及匪船，而後我指揮機構獲取很多極有價值之情報（按當時我與匪軍雖僅一水之隔，然消息隔絕，情報之獲取極難）。

所受獎懲種類：先後得獎金銀元兩仟餘元

團體嘉獎：海景榮譽旗（艇隊）

時間：卅八　九月十一、十二日間

發佈文號：不詳

負傷等級：無

● 劉殿章

作戰時級職：海軍維源軍艦少校艦長
撰寫時級職：海軍第四十三戰隊中校戰隊長

作戰地區：舟山梅山

作戰起迄日期：38 年 9 月 7 日

梅山剿匪戡亂作戰詳歷及心得報告

一、概述

　　自國軍於上海撤退後，舟山為我最北方軍事基地，為打擊匪幫之經濟及防止匪有效運用上海港口起見，我海軍擔當封鎖及突擊任務，曾使匪在經濟上受到重大損失。

　　卅八年七月中旬太倉軍艦奉命增援定海（當時本人為太倉軍艦副長）執行任務，曾多次巡弋長江口，俘獲物質甚多，蒙上級嘉許。

　　卅八年八月下旬，奉命接長維源軍艦，該艦隸屬海軍第二艦隊，派遣海軍第一艦隊服務，當時在海軍第一艦隊司令指揮之下艦艇如附件一。

二、作戰前之狀況

　　定海為舟山群島之主島，地當長江口之要衝，能控制舟山群島，便可掌握東海，切斷匪幫對外海上交通，是以匪幫佔領上海後，為反擊我方企圖，一方面以岸砲阻我突擊吳淞口，另一方面以陸軍謀取我舟山外圍小島，用蠶食方法，逐步攻取我佔領下之島嶼。同時匪利用逃亡定海難民掩護，展開匪諜活動，散佈謠言，擾亂人心。又加當時陸軍部隊編制及系統未統一，缺員又太

多，人員素質訓練欠佳，據當時所知，駐定海外圍島嶼部隊據國
防部點驗人員說，一連之人數最多不過七十餘人，少者三、四十
人（當時點驗姓名因時間過久，不能記憶），而且士氣低落，故
金塘島與大樹島，未經如何戰鬥隨告失陷，定海因此進入緊張局
面，我海軍艦艇進出定海西口，暴露於匪軍射擊之下，使海軍艦
艇活動至感不便，當時敵我雙方部署態勢如下。

我軍：定海、六橫島、桃花島、佛杜山、嵊泗列島等。

敵軍：鎮海、金塘島、大樹島、穿山半島、梅山、象山港。

三、我軍作戰指導

　　本節所述僅由本人回憶及瞭解之情況予以陳述，因為當時未
曾閱讀過有關保衛定海作戰計劃及國軍部隊番號，或許所述有出
入之處，不過這些均是當時所見之情況。

（一）海軍

　　1. 指導方面

　　　海軍之任務為封鎖上海港口，切斷敵海上交通，支援友
　　　軍突擊，運輸和協力陸軍保衛舟山群島。

　　2. 部署

　　　（1）長江口經常有一至二艘軍艦駐巡。

　　　（2）嵊泗列島有陸戰隊、巡防處及砲艇多艘。

　　　（3）定海有海軍第一艦隊及第一砲艇隊。

　　　（4）沈家門及桃花水道附近海面有艦艇日夜巡弋。

　　　（5）金塘水道有一至二艦駐巡。

（二）陸軍

　　　陸軍主力在定海，其餘部隊分駐桃花、六橫島。

（三）空軍

戰鬥機約一中隊駐定海。

四、作戰經過

自金塘島、大榭島相繼失陷後，定海軍情進入緊張狀態，我海軍當局派遣艦艇日夜加緊警戒巡弋，當時據報象山港匪軍有侵犯六橫島之模樣，我海軍第一艦隊司令劉廣凱於九月七日九時三十分率維源軍艦對象山港海面一帶實施威力搜索偵察，於當日午後二時三十分抵達象山港口外，發現匪可疑船隻數艘，即予以射擊，並對崑亭匪集結地區施以轟擊。五時向佛杜水道前進，本艦接近岸邊約二千碼，以三吋砲及四十糎砲轟擊匪陣地及工事，將匪軍陣地及彈藥庫擊中，爆炸燃燒，全體官兵精神鼓舞振奮，適時我機低飛掃射，協同攻擊，同時劉司令從望遠鏡中看到 273 等高地有匪軍砲位，又對該地施以激烈轟擊，正在此興高熱烈之際，匪軍砲彈射落本艦附近，本艦全速前進，而敵彈如雨般掃艦而過，致本艦週圍二、三十碼內均為水柱淹沒，此時我艦全體官兵猛烈還擊，山嶽為之振撼，作戰之熱烈情況已達最高潮，不幸本艦左舷擊中一彈，彈穿前機艙，人員九名受傷，引起大火，危險萬分，於是全體官兵除砲位及輪機值更人員外，均必須從事救火及救生，惟因艦上設備不全，且電力系統破壞，不得已令官兵以水筒取海水由上甲板艙口灌入，約一小時火勢減小，人員可進入機艙工作。同時天氣有轉惡之情況，逆風逆潮，致本艦漂向敵岸甚快，為防不幸起見，乃下錨停泊，以便救火及修理，此時匪軍見我艦不能動，雙方又展開激烈砲戰，不過此時本艦為煙籠罩，匪雖射擊猛烈均未命中，又約經一小時始將第二機艙二度修復，航向沈家門海面，經一夜之努力支持，方於八日晨拖往定海

港內。作戰經過要圖如附件二。

五、戰鬥後狀況
（一）敵我損失統計
　　　敵：彈藥庫乙座著火，擊燬陣地及工事數處，人員損失
　　　　　不詳。
　　　我：前機艙不能使用，官兵八員受輕傷，一人死亡。
（二）影響
　　1. 維源軍艦前機艙不能使用，減少戰力。
　　2. 維源軍艦全體官兵英勇的戰鬥精神鼓舞了海軍將士的士氣。
　　3. 當維源軍艦將受傷官兵受往六橫島作臨時救護時（該島有
　　　國軍一團），我小艇到達岸邊，並無守軍看守，可見警戒
　　　鬆弛，對於相互支援投下暗影。

六、檢討
（一）我軍優劣點
　　　優點
　　　1. 士氣旺盛。
　　　2. 射擊良好。
　　　劣點
　　　1. 情報不確實。
　　　2. 訓練不夠。
　　　3. 艦隊馳援過慢。
（二）經驗教訓
　　1. 執行巡弋任務，應保持兩艦為原則，如萬一有事發生，可
　　　互相支援協助。

2. 未有必要，行動艦艇於日間巡弋，應在敵岸砲射程之外行動，以免得不償失。

3. 戰事危機之瞬間，指揮官之剛毅沉著，是挽救戰局之核心。

（三）建議

1. 艦艇服務之際應保持戰備之完整。

2. 每次作戰不論勝敗，均應檢討並必須將優劣點通報全軍，俾作參考，以促進戰術上、技術上之進步和發展。

附件一　當時在海軍第一艦隊指揮之艦艇

海軍第一艦隊司令劉廣凱、參謀長胡敬端

長治軍艦　　胡敬端

太康軍艦　　崔之道

太倉軍艦　　孫　甦

永定軍艦　　劉德凱

咸寧軍艦　　陳振夫

維源軍艦　　劉殿章

瑞安軍艦　　夏誌喜

固安軍艦　　安國祥

永靖軍艦　　陸亞傑

第一砲艇隊　李連墀

附件二　梅山剿匪戡亂作戰經過要圖　（卅八年九月七日）

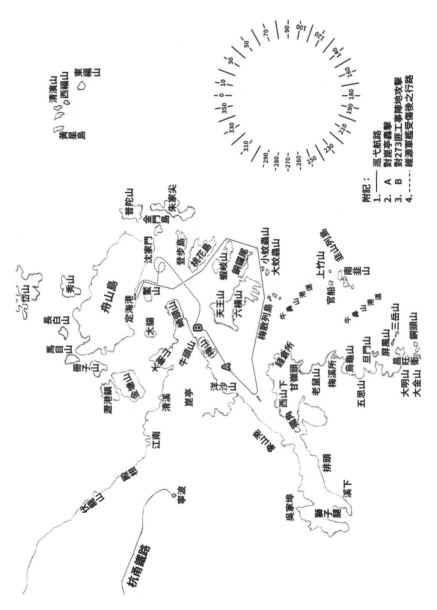

● **孫甦**
作戰時級職：海軍第一艦隊上校參謀長兼太倉軍艦艦長
撰寫時級職：海軍總司令部督察室上校督察長

作戰地區：舟山群島海面
作戰起迄日期：38 年 10 月 3 日至 5 日

剿匪戡亂作戰詳歷及心得報告
一、概述
 1. 部隊番號：海軍第一艦隊太倉軍艦
 2. 編制及員額：當時全艦官兵之編制人數 200 員，官（連軍士長在內）20 員，士兵 180 員，而實有人數官為編制之80%，士兵為編制 95%，實有官兵合計 180 員名。
 3. 武器裝備
 （1）三吋三十八倍高平兩用快砲四門
 （2）四公分機關砲四門
 （3）二公分機關砲十二門
 （4）深水炸彈架及 K 砲等
 4. 指揮部隊：本艦隸屬海軍第一艦隊司令部，司令為劉廣凱將軍，第一艦隊係奉海軍總司令之命，駐防定海，協同舟山防衛司令部，保衛舟山群島，並擔負封鎖長江口任務。

二、作戰之概況
 1. 國內一般狀況
 卅八年春，我匪隔一長江對峙，匪以部署尚未完成，遂藉和談為掩護，積極準備，以遂其顛覆政府之陰謀，我政府

因總統下野，領導乏人，乃有和談幻想之出現，致匪有隙可乘，於四月間，偷渡長江，大舉南侵，不數月間，華中及沿海各省，相繼淪陷，九、十月間匪軍侵入粵省，而有進窺西南各省之企圖。我軍為阻絕匪之海上交通，封鎖長江口及重要港口，並待機反攻登陸計，遂退守沿海各重要島嶼。而舟山群島為我沿海之最重要島嶼，為匪我兩軍所必爭之戰略要地。匪見我東南局勢板蕩，立足未穩，乃乘勝發動對舟山群島之攻擊，以排除其海上障礙，其進攻金壇，乃為進攻舟山群島之前奏。

2. 匪之兵力動態

第七兵團之第二十一軍，原為匪之第二縱隊，卅八年二月改編而成。南侵後，即流竄鎮海、寧波及穿山半島一帶，利用鎮海及穿山半島等沿海地區，演練渡海登陸、爬山及利用地形等科目，而以近接舟山群島之穿山半島為基地，以逐島進攻之原則，先略取近接穿山半島之舟山群島兩翼各島嶼，而後進攻舟山本島，且採鉗形夾擊方式，先取我右翼之大榭島（卅八年八月八日晚進攻，十九日陷匪），繼取我左翼之梅山、六橫諸島，各該島均因守軍兵力薄弱，先後為匪所陷，而後再積極準備進攻我金壇、桃花、登步，以遂其攻佔舟山半島之目的。

三、我軍之作戰指導

1. 固守舟山群島以作海空軍之前進基地，以封鎖大陸沿海並支援內陸之作戰，進而待機反攻。

2. 國軍為固守舟山群島，特設舟山防衛司令部，由石覺中將任司令官，在其指揮下之陸軍有 87 及 67 兩軍，而以 87

軍駐守各外圍島嶼，67軍集中舟山本島作機動使用。

3. 協同陸軍保衛舟山群島之海軍，經常有海軍第一艦隊隸屬
各艦駐守舟山海面，計太字號艦二艘及其他永字艦三－四
艘，必要時可調集其他艦隻增援，協同作戰之空軍，在定
海有小型機場，可依需要，隨時擔任偵查及作重點之支援
陸軍地面作戰。

4. 駐防金壇島之我守軍為陸軍102師全部，師長為朱式勤少
將，惟人數不詳。海空軍可隨時派遣支援。

四、作戰經過（參照附圖）

1. 匪於八月十九日攻占大樹山後，即積極準備進攻我金壇
島，以圖控制定海之西部海面，並作進攻定海之基石。十
月三日晚匪以三團兵力約六千餘人，乘陰而天色濛濛之
際，對我金壇發動攻勢，先集中砲火向金壇東南端之我軍
防禦陣地，猛烈轟擊，計自穿山群島之三山、算頭山、林
大山及大樹山西部諸砲兵陣地所發射之各種火砲（7.5公
分及10.5公分等）不下三、四十門，自傍晚五時許開始
轟擊掩護其匪船登陸後止，共計發射不下千餘發，我守
軍102師於匪軍開始砲擊時，當即予以抵抗，先亦以火砲
反擊匪砲陣地，惟我軍砲火口徑及數量相差懸殊，反擊之
聲稀疏，遠不若匪砲火之強烈，致我軍工事陣地多為匪摧
毀。匪軍遂於九時許，開始在金壇南端登陸，我守軍以實
力不足，轉移至仙人山－大浦口第二線防地。

2. 本艦原奉命擔任金壇區水域及鎮海海面之巡弋警戒，於
當日下午四時許，由定海港起錨，五時到達半洋礁海面，
適匪砲自穿山半島方面及大樹山方面，均向金壇島南端我

守軍陣地開始轟擊，砲火集中而猛烈。當時天雨濛濛，視界不清，但入晚後，由砲火發射時之火光四射，對匪之砲兵陣地，瞭若指掌，當即採用耕耘方式往返旋回於半洋礁及黃牛礁之間海面，以本艦主砲四門，對準穿山半島及大樹之匪砲陣地加速轟擊。惟我三吋砲威力，遠不若匪 10.5 岸砲之猛烈，難收制壓與摧毀之效，同時用雷達搜索匪船團動態，奈因匪船團（大部為小型帆船、漁船、舢舨及極少數之機帆船）均沿穿山半島靠岸航行，及至距金壇南端最短距離時，始離岸直駛金壇，致在雷達中無法從早發現。晚八時許，艦隊部增派防艇兩艘前來協助，歸本艦指揮，當即令彼等搜索及阻擊匪船。約八時許於雷達中發現金壇鱷魚嘴及穿山半島三山間之最窄水道有不少小目標向金壇移動模樣，當為匪之登陸船團無疑。當即與二防艇同時用各種火砲集中射擊匪船，計往返衝殺匪船團多次，匪船為我擊沉重傷者，不下百餘艘，傷亡匪軍當在千餘人以上。終因金壇水道最窄處僅二、三千公尺，橫渡容易，無法阻絕匪船之渡過與增援，更因島上守軍實力薄弱，工事概為匪砲摧毀，致匪軍得以登陸成功。

3. 四日清晨，本艦奉命護送商輪一艘載運增援金壇之陸軍部隊五、六百人（似係加強營，番號不詳），於八時許由岑港出發，十時左右到達金壇之瀝港下錨，正擬開始下載之際，忽奉命停止增援，原輪返回，除迅予護送該輪返回岑港外，旋復駛來瀝港。掩護守軍 102 師之撤退，但僅撤出師長、參謀長以下等少數人員，金壇遂全部陷入匪手。

五、檢討

（1）匪軍方面

1. 作戰準備週到，部署適切，進犯前，有多次之操舟及登陸預演以及開會研討等。

2. 確實明瞭敵情掌握狀況，對我軍部署以及地形等曾詳為偵察，瞭如指掌。

3. 夜間戰鬥，動作熟練，聯絡確實。

4. 官兵戰術思想溝通能著重主動及攻擊精神。

5. 對士兵及民眾，控制嚴格澈底，雖慘無人道，但能發揮政治作戰功效。

（2）我軍方面

1. 對匪情搜索不澈底，情報欠確實，如對正犯匪軍之詳細番號及武器裝備等，事先均不詳悉。

2. 友軍間之通訊聯絡欠確實，為本艦與金壇守軍 102 師，平時可以無線電定期聯絡，但戰鬥發生後，即無法取得聯絡。

3. 作戰準備不充分，補給支援亦不能配合戰況之需求。

4. 平時缺乏訓練，戰時缺乏主動精神及必勝之信念。

5. 戰志不夠堅強，士氣亦欠旺盛。

（3）經驗教訓

金壇之役，匪軍獲勝，我軍失利，經此次失敗之教訓，認真檢討，獲悉匪軍有上述之優點，我軍有上述之缺點，吾人須參照匪軍之優點，切實改進自身之缺點，則他日反攻大陸，永不重犯以往之缺點，則勝利在握，復仇雪恥，當不遠矣。

附圖　金壇戰役概要圖

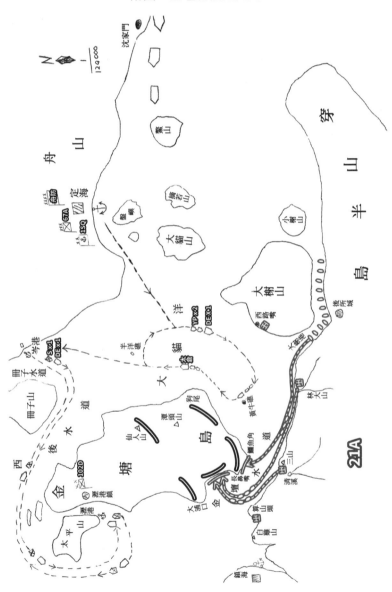

● 劉廣凱

作戰時級職：海軍第一艦隊司令部代將艦隊司令
撰寫時級職：海軍總司令部中將副總司令

作戰地區：登步島
作戰起迄日期：38 年 11 月 3 日至 6 日

舟山保衛戰登步島戰役海軍作戰報告
時間：三十八年十一月三日－六日
參戰部隊：海軍第一艦隊兵力之一部
指揮官：海軍代將司令劉廣凱
位置：太和旗艦

一、概述

登步島為舟山群島中之一島，位於定海之南，全島面積約為十八平方公里，長三公里，闊六公里，北距定海之沈家門約 3.8 浬，南距桃花島約 0.6 浬，東至朱家尖 1.4 哩，周圍有大螞蟻及東西閃、泥螺、空殼及其他諸小島圍繞，為定海沈家門之屏障。

匪軍於三十八年春自長江偷渡大江以南後，一部沿浙海各地流竄，未幾竄抵穿山半島，並乘虛襲佔梅花、六橫、蝦蛛等島，並積極準備演練渡海作戰，以從事攫取定海。十月十八日晚匪陷桃花島，即企圖進犯登步，以威脅定海。

二、作戰前狀況（匪我兵力及態勢）
（一）匪軍兵力

匪 21 軍全軍約二萬餘人，集中六橫、桃花島、鵓鴣島等

島，以其六十一師之 181、182、183 團及山砲一營約九千人，企圖進犯登步，進而攻犯舟山本島。

（二）我軍兵力

我海軍第一艦隊所屬太和軍艦、永泰軍艦及海澄、義寧、海鷹、繼光等砲艇分布於登步東西兩側海面。

登步島上守軍計友軍 87 軍之 221 師駐防該島，另 67 軍及 87 軍主力駐定海機動使用。

三、戰鬥經過

三十八年十一月三日 1630，登步島守軍 221 師通報本艦隊司令部，桃花島匪軍集結船隻，並於大灶山、韭菜山一帶，用砲火向我登步島、大螞蟻島射擊，有利用黑夜雨霧進犯之企圖。本部當即飭海澄艇駛鵓鴣島偵擊，義寧艇駛大螞蟻西南偵擊，永泰艦向桃花島、大灶山、韭菜山一帶匪軍予以轟擊。1800 太和艦駛登步島與大螞蟻島間海面，用主砲向桃花島之大灶山、韭菜山一帶集結之匪軍猛擊。2330 友軍 221 師通報：「匪自余家岙、蜻子港、王家岙、后門等處登陸」，余當即飭永泰、義寧砲擊登步南海面匪船及韭菜山之匪軍，海澄截擊鵓鴣島一帶海面匪船及余家岙、后門登陸匪軍，太和駛大螞蟻島東北，以熾烈砲火射擊大灶山以東各地之集結匪軍及登陸之匪軍。

十一月四日 0045 海澄艇報告：「鵓鴣島東西及 164、165 兩小島，一小時前之戰鬥原很激烈，經本艇在該地猛烈砲擊後，現已趨平靜。」余當令海澄往大空殼山、泥螺山間側擊登陸之匪軍及攔擊匪船。0110 211 師葉處長通報：「登陸登步島之匪軍為數很多，要求海軍封鎖海面，以斷絕登步與桃花交通。」余獲悉此訊後，即令飭海澄艇速接近鵓鴣島截擊匪船匪軍，永泰、義寧猛

烈轟擊桃花島海面匪船及余家岙等地匪軍，太和艦仍在大螞蟻東北繼續以主砲射擊。0145 海澄報告：「向大灶山一帶發砲太多，後砲發生故障，前砲亦發高熱。」遂令其暫停發射，並留該區警戒。0150 義寧報告：「後砲亦因發射太多發生故障，其餘各砲均良好。」余仍令以其他各砲繼續發射。

0402 友軍 221 師復通報：「希望海軍砲擊砲台山以南各地匪軍。」是時太和艦繞 IFFLAHDCHEI 到達登步東端，遂以密集砲火向砲山台海面各匪軍據點猛烈射擊。0830 太和復向登步島之后門、王家岙、蜻子殼、余家岙、天后堂等處匪軍灘頭陣地予以猛烈射擊，並截斷其海上交通，戰鬥持續達十三時。

1345 聯捷艦轉來舟山防衛部石司令官電話：「令海澄艇駛登步島與桃花之間，於黃昏打擊殘匪。」余當即轉令遵照。1500 221 師通報：「B 地 158、164 以南地區要求艦砲協助射擊。」於 1600 前將以上兩地敵防禦工事澈底摧燬，義寧仍留 B 地西北砲擊匪軍，時太和在老實島附近向登步之后門、王家岙等地繼續猛烈射擊。1730 舟山防衛部通報：「登步尚有五分之一匪負險頑抗，務希我海軍艦艇本晚以最大努力阻止匪之後援，此舉關係整個存亡。」1740 221 師復通報：「登步島登陸匪軍與我對峙於 106、107、110、113、128、127、140、142 之線，刻我援軍已到（87 軍、67 軍各一部已由沈家門渡海登陸增援），希以艦砲支援制壓匪軍。」1800 奉舟山指揮部郭主任戌支未親電開：「登步島戰鬥關係舟山防衛甚大，總裁關念甚切，仰該司令必須遵照指定任務，排除萬難，達成封鎖桃花與登步之交通，並協同陸軍殲滅登陸之敵，並將實施成果具報。」

為支援登步友軍殲滅殘餘頑匪及封鎖 A、B 地區海面交通，斷匪後援計，本艦隊乃重行調整艦艇兵力部署如次：

（1）太和艦進出於登步以東、朱家尖間向匪登陸點 133、134、
136、137、138 及桃花島之 15、17、27、28、29 等地區砲擊。

（2）永泰仍在大螞蟻東北向 145、143、142、139 等及桃花島之
27、28、30、37、38 等地區匪軍砲擊。

（3）海澄艇駛 164 地向 106、107、132 等地區匪砲擊。

（4）義寧駛大小螞蟻間，對桃花島之呢螺㟁、韭菜山一帶，即
38、44、45 等地區匪軍射擊。

　　並限各艦艇於當（四）日 1900 前駛達指定地點，完成砲擊
準備，2000 時起同時發射猛攻，予匪以澈底殲滅。2000 各艦連
續報告均已遵令開始發射，是時 221 師復通報：「務請切斷敵
後援部隊及封鎖海面，30、37、38 皆可予轟擊。」當即轉知各
艦，並請該師隨時指示我艦艇彈著，以期射擊準確。2035 太和
艦駛近登步島、朱家尖西錨泊，對登步島登陸匪軍陣地及登步、
桃花間水道及桃花島匪砲兵予以區分砲擊，收效至大。2130 義
寧報告：「匪砲彈多落本艇附近，因天黑敵砲來向不清。」余即
令其多加注意，並繼續遵照原部署，貫澈任務之執行。

　　十一月五日 0010 聯捷艦轉來舟山防衛部電報：「登步西南
角尚有匪千餘，希我艦艇務必予以殲滅。」余當即飭令永泰與
221 師連絡，確實擊滅該地頑匪。0355 221 師通報：「139、143
附近有匪船四、五十艘偷渡，請截擊，並向 137、138 等地匪軍
砲擊。」本部當即令義寧艇前往截阻攔擊，並令永泰砲擊 139、
143 等地匪軍。0630 桃花島匪迫擊砲射擊太和艦，彈著落大小空
殼島附近，經我砲連續轟擊後，即行沉寂，判匪砲兵陣地可能為
我擊燬。0745 義寧報告：「0645 發現桃花島之韭菜山、泥螺山
間，於協耕塘之凸出島上有匪砲一門，曾向本艇射擊七、八發，
砲彈很大，落於船位四週，幸未命中。」即電令駐定海本部王連

絡參謀轉請駐定空軍前往轟炸。

0939 221 師通報：「請封鎖登步、桃花間匪船，118 已收復，六橫至桃花間有匪船數目不明，請截擊，並請仍向 139、137、135、127、128、134、130 等地砲擊。」本部接獲此訊後，認為登步戰鬥已進入決定階段，乃即令太和砲擊 135、134、127 等地匪據點，永泰砲擊 137、139 等地匪陣據點，義寧偵擊六橫、桃花間匪船，遇有發現立予全數擊沉。1150 義寧報告：「已到六橫海面，海面平靜，無匪船往來，再前進即為桃花島，請示行止。」當即令該艇返沈家門，整理待命出擊。

1224 221 師電話通報：「請壓制 A 地 37、38 與 B 地 145、143 等地匪軍，其餘暫停射擊，免生誤會，登步戰況甚佳，A 地 37、38 有匪砲擾亂我後方。」查 A 地 37、38 兩地較遠，超出艦砲射程，遂轉請空軍轟炸。1245 太和艦對 A、B 間來往匪船數隻悉數予以擊沉。1259 永泰報告：「B 地戰況甚好，我方援軍均已於要點登陸，118、119 匪軍已失戰鬥力，本艦向 137 砲擊，彈多命中，又向 37、38 發射時，匪砲還擊數枚，一彈落本艦周圍僅五十公尺，本艦仍繼續射擊中。」未幾復接聯捷轉來舟山防衛部通報：「犯匪向登步東南潰退，我方向天后宮進剿。又匪 21 軍向桃花島移動，希斷其後路。」余當即令太和艦向登步東南予以砲擊。1600 友軍復通報：「登步殘匪仍據東南頑抗，又登步西南部匪軍一部登陸，希我艦砲斷絕其後路。」

為近接支援登陸友軍，殲滅殘匪及斷匪海上交通，爭取勝利計，當晚再行調整部署，太和艦位於登步、朱家尖之間，以有效砲火側擊登步東南端匪灘頭陣地，封鎖兩島間海面，截擊後續之匪船。永泰於大螞蟻東北以密集砲火超越射擊登步以南及西南匪軍兼擊大灶山，並封鎖兩島間水面匪船活動。海澄、繼光巡弋桃

花島以東至六橫之線，相機予桃花、蝦蚑各島有利目標予以有效
轟擊。義寧巡弋桃花以西至六橫之線，對桃花島之洞下浦及東西
白運島，予以有效砲擊擾亂，並牽制匪軍之行動，並令飭各艦艇
把握命令重點，將戰鬥情形隨時具報。

　　1045 義寧報告：「該艦在蝦蚑區砲擊指定據點，惟前砲發
高熱，後砲亦正修理，而峙頭角與桃花島匪軍向其射擊及發射照
明彈。」余當即令其注意速修砲，仍留該處，遇有匪船，即須
擊沉。2010 各艦連續報告：「均到達指定地點並向指定地區攻
擊。」余即令飭繼續奮勇戰鬥，以匪軍全部就殲為止。

　　2020 奉舟山防衛部轉來東南長官公署陳長官電：「石司令
官，並希轉海軍劉司令戍江親電悉。（一）已電海軍總部將海軍
主力艦集中定海。（二）海軍作戰成績殊堪嘉獎，希候登步戰後
將有功人員彙報，以憑核獎。（三）希督部不避任何犧牲，在海
上摧毀匪船為要。」當即轉知參戰各艦艇，用勵士氣。

　　2025 舟山指揮部主任郭戍微綜強冲電開：「劉司令，據匪
俘供稱，此次被海軍艦砲擊斃受損頗巨，足見貴軍用命，仍望繼
續努力，以克全功。」當亦即轉知各艦艇遵照，繼續努力，擊滅
頑匪，以收全功。

　　2043 舟山防衛部司令官石電示：「友軍已進駐登步南岸賀
家岙、蜻子港、王家岙、天后宮、前後沙投之線，我軍正向該處
之匪殲滅中，希協力攻殲殘匪。」余當即轉知各艦艇。2042 221
師通報：「不久前 A、B 間復有匪船活動，諒係匪增援部隊，
請予阻擊，140 以西高地為匪奪去，請予砲擊。」當令海澄急
去 A、B 之間殲滅匪船，並令太和以主砲發射，猛轟匪軍灘頭陣
地。2100 復令海澄率繼光艇深入 A、B 間東側截擊匪船，切勿讓
其偷渡，永泰以主砲對大灶山做準備射擊 20 餘發。2120 海澄報

告：「在桃花山東發現匪船正砲擊中」。

十一月六日 0040 義寧報告：「在大螞蟻西南自 2350 時開始向登步島南岸及桃花島北岸以及 A、B 間水道之船隻，以全艇火力來往猛烈射擊，迄未稍停。」余即令其於情況緩和時暫停射擊，以免砲管發生高熱，惟須仍留該地嚴密監視，遇有匪船即時予以擊沉，不得容匪偷渡增援。0100 海澄報告：「在一小時前即已開始向 A、B 間及沿海一帶匪船射擊。」余當即令其與繼光艇接近偷渡匪船發射以收宏效。0600 友軍復請砲擊 A 地 28、29、27、38、17、30、15 各匪軍據點，是時太和已轉射桃花島、大灶山一帶匪軍，並對老鼠山、南平村匪迫擊砲陣地猛烈轟擊，遂令永泰、海澄、義寧同時向 A 地砲擊。0740 永泰艦報告：「匪軍已全被殲滅，不必再打。」余即令該艦駛沈家門整補待命。0350 舟山防衛部司令官石來電：「登步戰事已解決，不必再行發砲，對桃花島仍應巡弋警戒。」當即轉知各艦停戰休息整理，並令繼光艇前往桃花島東側以南海面巡弋。1000 發現桃花島、老鼠山一帶有匪船數艘蠢動，太和艦以主砲轟擊，毀其大半，本次作戰於茲結束，大獲全勝。

四、戰鬥後狀況

是役也，戰鬥雖僅歷六十小時，然我參戰各艦艇官兵，恪遵命令，晝夜不斷砲擊桃花島、登步島灘頭陣地，並能嚴密斷絕控制二島間水面，是以匪後援斷絕。而韮菜山、老鼠山、大灶山等地匪砲陣地亦先後經我艦砲予以擊毀，粉碎其步砲協同之企圖，斃傷匪軍。據島上清掃戰場之統計，雖僅獲匪軍屍體千餘具，及匪俘四百餘名，但據匪俘稱及獲得匪方報告，則稱是役死傷共八千餘名，大部傷亡均在海上，渡海匪船十之八九均被擊沉海

上，甚至有一個連被擊全部沉入海中，無一人生還者，是役我艦隊計發彈二萬發，艦艇無損失，陸上友軍死傷約二千餘。

國軍自淞滬撤守，一部進駐舟山實施保衛以還，因部隊實力較差，且備戰未臻完成，而匪軍圖謀舟山甚急，自攻佔大樹、金塘各島後，乘勢進襲梅花、六橫、蝦蚑、桃花各島，勢如破竹，苟其攻略登步島成功，則定海本島立即遭受嚴重威脅，而海軍必須退出定海港，關係於定海之存亡甚大，故登步之役，實為保衛舟山作戰之決戰性質。由於三軍用命，獲取大捷之後，舟山區匪軍迄我軍主動撤離時為止，決未敢再越雷池一步。又登步大捷較諸金門大捷略遲十數天，因大陸之沉淪，民心士氣疲憊已極，然由於是兩役之捷報，頓足以起微振弊，扭轉危局，而奠定嗣後穩定全般戰局之基礎，對於戡亂戰爭放一異彩，此足說明登步之戰，關係之重要也如此。

五、檢討

登步作戰，我陸海空三軍合作圓滿，協調密切，戰鬥意志高昂，守軍亦有確保登步死守陣地之決心，指揮統一，分層負責，逐級授權，惟陸軍渡海增援時，對於使用兵力之決心，似欠堅定，致反攻時不能以絕對優勢兵力壓倒匪軍，遂使戰鬥時間延長，致使增加我軍之傷亡。

匪軍利用岸砲砲火掩護其渡海部隊，在狹窄水域中實施敵前登陸作戰，其作戰構想係依據兩棲作戰中，由岸至岸運動之原則，又類似陸上特種地形作戰－河川戰鬥之型態，故其戰術上之運用，殊屬成功，但因缺乏海空軍之協同，且其岸砲又多為我海空軍所摧毀，致失其唯一之支援力，其所使用登陸器材，均屬笨劣，機動力小，而我登步守軍，堅守最後之據點，奮勇抵抗，增

援部隊適時迅速到達，益以海空軍有效之協力，海軍以少數艦艇，能靈活運用，主動有效控制戰場，斷絕匪軍之後續與增援，而使已登陸登步之匪軍陷於被動孤立之狀態，進退維谷，致有此敗。故登步之役，實開我海空陸三軍聯合作戰之初基，其致勝之因，尤多有研究參考之特殊價值也。

舟山登步島戰役海軍艦艇部署要圖　三十八年十一月

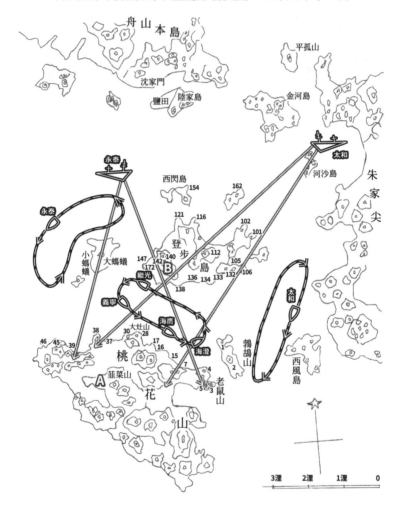

● **尹秀榮**
作戰時級職：海軍防八艇少尉艇長
撰寫時級職：海軍泰安軍艦少尉槍砲附

作戰地區：浙江舟山登步島
作戰起迄日期：38 年 11 月

登步島戰役

　　職自民國卅八年十一月一日接任防八艇艇長，曾參予登步島戰役，其時友軍方面之實力，未獲詳悉，難以記述，僅就海軍參予其役者，及本艦作戰之經過，促成該役大捷之因素，儘憑記憶追述之。

　　是役我海軍防二艇、防八艇、海城艇、義寧等四艘砲艇，於共匪進探登步時，接令速駛該島增援，當時四艘由定海駐地疾駛趕赴目的地，歷十一小時抵達戰場，由旗艦太湖號指揮。我四艇擔任登步南區敵前火力攻擊，四艇接近至離岸××公尺，時已在天將破曉時，開始向共匪已佔據之陣地，猛烈轟擊掃射，激戰達三小時之久，島上之匪軍在我海陸空圍攻之下潰敗，而我海軍艦艇又堵截自鯉橫島增援之匪軍，故使登步之犯匪，來無後援，去無退路，終遭全軍覆滅。

檢討是役之得失：
優點
1. 砲艇能發揮最大之威力，其原因在該戰區均係連綿之島嶼，只有砲艇能在狹水道運動自如。
2. 三軍配合密切。

3. 指揮恰當，戰志旺盛。

4. 我海空軍無損失。

缺點

1. 未能爭取時效，以致延長戰鬥時間，幸匪無重兵器反海空軍，
　　故使戰役順利戰勝。

● **黎士榮**
作戰時級職：海軍太平軍艦少校副長
撰寫時級職：海軍兩棲訓練司令部上校處長

作戰地區：舟山群島
作戰起迄日期：38 年 11 月

登步戰役剿匪作戰心得報告

　　余自抗戰勝利後即奉令至艦上服務，參加零星戰鬥雖多，但規模較大者乃登步戰役。只以時間過久，且當時非作戰指揮官，目前無紀錄可查，謹就記憶所及，將作戰概略及心得報告如左。

一、戰前態勢

　　舟山群島自穿山、金塘、桃花等諸島相繼陷匪後，我軍在登步島與桃花島隔水對峙，相距約四千碼。迨三十八年十一月匪在桃花積極增兵，戰機有一觸即發之勢。作戰爆發之前一日，忽起颱風，風雨交作，視界不明，匪遂趁夜暗發動渡海攻擊登步島。

二、兵力比較
（一）匪軍
　　　兩個團（據聞每團為 2,700 人），無海空軍。
（二）我軍
　　　陸軍－登步一個師（不全）。
　　　海軍－太和、永泰及砲艇三艘。
　　　空軍－P51 若干架（由定海機場所駐飛機派遣）。

三、作戰指揮官

　　海軍作戰指揮官為第一艦隊司令劉廣凱少將，太和艦長齊鴻章上校，余時任太和艦少校副長。

四、作戰經過

　　海軍在獲悉匪偷襲登步島後，當即分由太和及永泰兩艦在桃花水道東西兩口佔位，實地側射阻絕匪增援，並以砲艇迫近攻擊。當晚我登步第一線工事為匪突破後，匪即佔領全島四分之三，我守軍在眾寡懸殊之勢下堅守渡口待援，戰鬥異常艱苦。翌晨風靜天晴，我援軍運達，我空軍亦輪番出動，海軍艦砲密接支援，匪軍後方交通遭完全斷，絕勝負之形勢已定。至同日晚除有零星戰鬥外，登陸之匪已全部就殲或被俘，戰爭持續約四十八小時。本戰役為大挫敗以來一次較大規模之殲滅戰，對當時之士氣民心發生甚大之振奮效果，使匪不復敢輕舉妄動，舟山局勢自是穩定。

五、在本戰役所獲之心得

（一）島嶼防禦方面

　　　在該戰役時，島嶼防禦重點置於灘頭防禦，故第一線突破後，匪即能直搗我指揮所。由該次經驗可知島嶼防禦應有縱深配備，尤以增援渡口及核心陣地應竭力確保，以便能迅速增援。

（二）海空支援方面

　　　當時海空支援當無訓練，故使支援效力大減，唯確能收阻隔及孤立戰場之功，使匪束手待殲，故深以為島嶼作戰成敗之關鍵在能否獲得海空優勢，如不能獲得，則不論其兵力雄厚，工事雖強亦無法堅守取勝。

（三）匪發動作戰之時機

　　匪在本次作戰利用颱風夜暗，其他戰例仍多，由此可見匪
之戰術思想看似奇襲，利用惡劣天候，夜暗，或其他我軍
疏忽之時機而遂行攻擊，故在惡劣天候之際，國軍應提高
警覺以防匪偷襲，尤應看重惡劣天候及夜間訓練，以奇襲
對奇襲，殺敵致果，達成我反攻大陸之神聖使命。

● **齊鴻章**

作戰時級職：海軍太和軍艦上校艦長

撰寫時級職：海軍士官學校少將校長

作戰地區：浙江省舟山群島登步島

作戰起迄日期：38 年 11 月 2 日至 6 日

登步島戰役海軍指揮系統表

第一艦隊司令
劉廣凱

太和艦長兼第一艦隊參謀長
齊鴻章

| 義寧砲艇 | 海澄砲艇 | 永泰艦 | 太和艦 |

登步島大捷經過圖

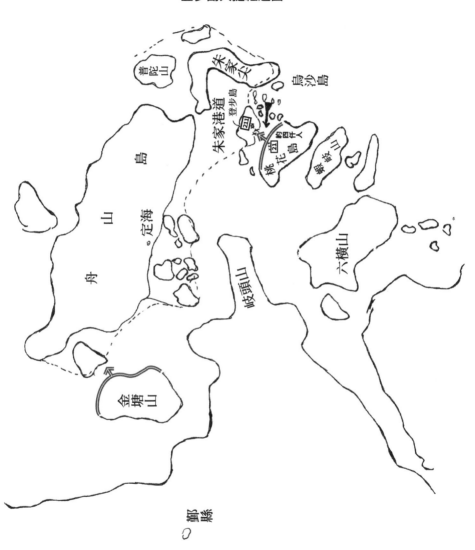

登步島戰役

一、概述

中華民國卅八年五月間，自淞滬戰事轉進後，部分國軍奉令部署舟山群島作為對大陸匪區江浙沿海實施攻擊之據點，主力部分集中於舟山本島，並於外圍島嶼分別派兵據守保衛本島安全，海軍方面則由第一艦隊擔任海面巡弋任務，屬艦太和軍艦、永泰軍艦，及海澄、義寧二砲艇，擔任登步島支援任務，並阻擊匪軍。

二、作戰前之情況

我軍自部署舟山群島作為今後行動之沿海據點後，自為共匪日夜覬覦，並逞其餘兇，趁我軍當時統率乏人，士氣低弱，人心恐慌之際，先後佔領金塘山及桃花島，企圖對舟山本島作鉗形攻勢，而登步島適面對桃花島，為匪對舟山群島有所行動前，勢所必攻之點。

登步島位於桃花島正北，面積計四方浬弱，約為桃花島三分之一，兩島之間隔有清磁門水道，闊僅一仟伍佰公尺，而長道十餘公里，水道東口礁石雜佈，阻礙航行，在此情形下對海軍艦艇活動限制甚大，使匪於桃花島北岸對登步島發動攻擊時，可免除部分海上威脅。

匪軍陳匪廿一軍一部約四千餘人，集結於桃花島大灶山一帶，並強徵帆船五十餘艘作為渡海工具。我陸上友軍為二二一師，由吳淵明率領，並由海軍第一艦對派遣太和艦、永泰艦及義寧、海澄二砲艇，擔任支援。

三、我軍作戰指導

登步島陸上防禦任務由友軍 221 師吳淵明率領堅守，海軍方

面由職率太和艦、永泰艦及海澄、義寧二砲艇支援作戰，由友軍
擔任正面殲匪作戰，而利用海軍艦砲轟擊匪軍陣地，封鎖航道，
以阻止匪軍運輸，切斷後援，使我友軍達成陸上圍殲之目的。

四、作戰經過

卅八年十一月二日（天氣晴，風向六〇度，風力十一海浬）

　　午後據陸軍聯絡參謀報稱，匪於桃花島之大灶山集中帆船數
十艘，希本艦予以砲轟。1730 時奉令自沈家門起錨駛往登步島與
大螞蟻山之間，向大灶山炮擊匪沿岸陣地，匪未還擊（匪損失不
詳），於二一〇〇返航沈家門錨泊，是日登射三吋砲彈廿三發。

十一月三日（天氣霧雨，風向向一四〇度，風力二海浬）

　　1630 時接登步山二二一師電話通知桃花島匪軍集結船隻於
大灶山、韭菜山一帶，用砲火向我登步島、大螞蟻島射擊，利用
黑夜及雨霧進犯之企圖，希海軍艦砲支援截擊，並轟擊桃花山北
部沿岸之工事。

　　1800 時奉令，太和艦自沈家門駛往登步島附近，與永泰艦
以主砲向大灶山、韭菜山一帶匪船猛擊，並由海澄艇在鵓鴣島偵
擊，義寧砲艇於螞蟻島西南方偵擊，是夜風雨大作，我冒惡劣氣
候，與永泰艦輪番砲擊，惟匪亦冒惡劣氣候在登步島之余家㠀、
蜻子港、王家㠀，後門等處登陸，即由海澄截擊鵓鴣島一帶海面
匪船及余家㠀、後門登陸匪軍，義寧艇及永泰艦砲擊登步島南
之海面，與韭菜山之匪軍，職率太和艦駛近大螞蟻島東北方，
以猛烈砲火射擊大灶山以東地區隨後登陸之匪軍，匪軍亦還炮
向本艦射擊，我無損失。至午夜情況稍緩，是日共發三吋砲彈
一百六十二發、四十糎二百廿三發。

十一月四日（天氣晴，風向三五〇度，風力二浬）

晨 0110 時，獲二二一師電知匪於登步島登陸匪軍甚多，希本艦封鎖登步島及桃花島間之水道，切斷匪軍增援，即由海澄艇接近鵓鴣島截擊，永泰艦及義寧艇轟擊桃花島海面及余家岙匪軍，職仍率太和艦於大螞蟻東北以主砲轟擊匪軍陣地。

0530 時太和艦到達登步島東端，正向桃花島及登步二島之砲台南方各匪軍據點猛射。

0830 太和艦向登步及後門、王家岙、蜻子港、余家岙、天后堂等匪灘頭陣地予以砲擊，並截斷海上之交通，戰鬥持續至 1300 止。

1500 接二二一師電話，陸軍將於 1900 前開始向登陸之匪軍反攻，希我方繼續封鎖航道並向匪陣地砲擊，並於 1600 前將 B 地 158、164 以南地區敵人防禦澈底摧毀，太和艦及其他艦艇即按指定將上述兩地予以轟擊。

1800 時接獲指示，登步島戰鬥關係舟山防衛甚大，務必排除萬難達成封鎖登、桃二島航道，支持友軍達成殲匪任務。

1950 時指向 133、134、136、137、138 等匪據點，澈底轟擊。

2035 時為欲達成側擊匪軍任務，黑夜冒險駛入朱家尖之狹窄水道，控制匪之死角地帶，予以最嚴重打擊，是日共發射三吋砲一百發。

十一月五日（風向三二〇度，風力十一海浬）

晨發現航道上匪帆船三艘，裝載匪軍人員，當時立予擊沉。

0630 時桃花島匪軍迫擊砲射擊太和艦，即往本艦予以還擊，即行沉寂。

0939 時據陸軍聯絡參謀報告，匪部分現頑守登步山 136、

130、135、127等高地，即由太和艦予以射擊。

1430發現二艘滿載匪軍及物資帆船企圖偷渡，供給登步匪軍，經本艦以主砲射擊，皆命中，目沉沒。

入晚仍電本艦鎮守登步島及桃花島東口封鎖航道，使匪後援無法渡過，已登登步島之匪軍亦無法後撤，使友軍達成圍殲之目的。

2125時獲友軍通知登步島之戰事，我方已全盤控制戰場，並佔優勢。

2445時據陸軍電話通知，匪於大灶山一帶復行集結帆船數十艘，似有企圖增援，即由太和艦以主砲瞄準射擊，據陸上觀測報告均命中，是日共發彈三吋砲一百六十九發、四十糎砲一百八十五發。

十一月六日晨

澈夜全艦官兵備戰，隨時依情報予匪射擊，至晨，匪全部登陸人員為我殲滅，全島防衛戰經我軍四整日努力，終獲「登步島大捷」。

五、戰鬥後狀況

是役戰鬥經過，我艦艇毫無損失，而圖窺視登步之匪軍，經我方友軍於陸上攻擊，及我艦艇於海上阻擊，全部就殲。匪據桃花島北部之八二砲陣地，經我方發揮三吋砲砲火予以轟擊後，已全部摧毀。

我軍自大陸各處軍事失利轉進後，匪逞其餘兇，每攻必得，影響我軍士氣，此次幸賴友軍方面吳淵明部隊堅苦抵抗，及職率艦於海上阻截匪之背側，結果使後援無法到達，促成大捷，使當時士

氣提高，人心大振，匪在短期不敢蠢動，舟山本島得保安定。

六、檢討

甲、匪軍方面

（一）匪以我軍據守舟山群島，交通便利，隨時可以採取行動對匪襲擊，故為匪所必行攻擊之點，以解除我軍對匪江浙沿海一帶之軍事威脅。

（二）舟山群島靠近大陸沿岸，匪利用地理上形勢逐島分二方向著手進攻，以達成鉗形攻勢，並達到最後攻取舟山本島之目的，舟山群島大小島嶼錯綜，阻礙艦艇航行，使我艦艇對海陸方面之協調效能減低，使艦艇對匪軍事行動威脅性減少。

（三）匪利用黑夜及惡劣氣候，實施偷襲，藉以減少我艦艇對匪行動之攻擊。

乙、我軍優缺點

一、守軍吳淵明部隊堅苦抵抗，使後援部隊能及時抵達增援，造成大捷之主因。

二、海軍艦艇砲火密切支援，截斷匪之後援，提高友軍必勝之信心

三、海軍艦艇有效之砲火騷擾，使匪之行動擾亂，無法按原定計畫完成攻擊

四、海軍確保登步島與舟山本島之後勤支援線，可以使增援源源接濟，激勵友軍士氣。

丙、心得

一、戰爭勝敗以士氣為主，而士氣旺盛，復賴指揮官勇敢果決之必死革命精神而產生。大以登步島大捷予當時

深陷於人心恐慌及低落士氣之情況下，不如施以一興
奮劑，使匪短期中不敢公然蠢動。

二、島嶼之攻防戰，除陸海軍協同外，尚須空軍之協同，
如此方可攻守自如，不易為有機所乘。

三、島嶼之防守，易為匪利用黑夜或惡劣氣候實施攻擊，
在此情形下，應利用我方優勢，對敵佔領之陣地先期
予以攻擊，交通工具之摧毀，使無暇集結兵力，更無
力對我方採取行動。

● 呂狄亞

作戰時級職：海軍永泰軍艦上尉副長
撰寫時級職：海軍六二特遣部隊指揮部中校通信組組長

作戰地區：登步島

作戰起迄日期：38 年 11 月 3 日至 6 日

參加登步島戰役報告

（一）概述

　　登步島為舟山群島中之一島，屬定海縣，位於定海之南，桃花之北，朱家尖之西。民國卅八年春自匪偷渡長江直趨江南，各省相繼淪陷，共匪以勝利之餘威，圖一舉排除海上障礙，遂發動進攻登步島，並有進佔全部舟山群島之企圖。我海軍派有高級長官劉廣凱將軍負責主持指揮海軍作戰事宜，除控制海域阻絕匪軍水上活動外，並協助友軍達成消滅共匪之任務。本人當時任永泰軍艦副長，秉艦長之任務提示，召集所屬研究作戰方法，以期達成任務。

（二）作戰前狀況

　　（1）通往定海沈家之水道常受大榭匪砲之控制，我海上運輸多由舟山島北面水道實施。

　　（2）我海軍經常於夜間搜捕桃花、六橫海面及大陸之匪運輸艦艇，並轟擊大榭以及沿岸匪之陣地。

　　（3）我軍部分後勤已移往長塗山及岱山等地，以作穩固後方之支援基地。

（三）我軍作戰指導

  （1）我海軍參加登步戰役之兵力，除其他後勤艦隻不計外，直接參加戰鬥者有太和、永泰、海澄、海應、義寧、繼光。

  （2）主動搜索前線海面之匪船，並擊滅來犯匪軍於水際。

  （3）協助友軍作戰。

（四）作戰經過

  十一月三日陰雨，匪方乘我飛機不克出動之時，即行以韭菜山等處砲兵於十六時向我登步島守軍陣地轟擊，我永泰艦奉令駛向登步島之西端，其他太和及各艇已均同時出發，進入適當位置，本艦艦長黃崇仁將此次任務及作戰要點指示本人，由本人招集有關槍砲、航海、通信各部主管研究夜間作戰之要點，及與守軍之連絡。當永泰抵大蝦蟻島時，即與該島及登步島守軍取得連絡，並利用陸軍配發本艦之地區標圖先向韭菜山以三吋砲轟擊。入夜登步守軍通知匪軍在登步對岸集結，有行動模樣，本艦即接近登步島以三吋砲及 40mm 砲快速向目標轟擊，並由登步島守軍予以觀測彈著，匪軍死於水際甚眾，倉荒失措，部分抵達登步岸邊，此時我太和以及四艇亦參加轟擊，且深入敵陣以猛烈砲火阻絕匪之增援。十一月四日我陸軍不斷增援，加以海軍控制海面，予友軍以密切支援，尤於夜間戰晝間為激烈，各員恪守崗位沉著應戰，遂將勢局扭轉。於十一月五日下午殘匪不堪我陸海空軍之轟擊，遂向桃花逃竄，我守軍亦在清理戰場中。

（五）戰鬥後之狀況

  （1）我匪陸軍均有傷亡（數字不詳）。

（2）我海空軍無傷亡。

（六）檢討

　　（1）匪慣於夜間戰鬥，且甚熟練。

　　（2）匪軍無海空支援，補給困難。

　　（3）高級長官親臨指揮，我方士氣大振。

● **李連墀**
作戰時級職：海軍第一機動艇隊上校艇隊長
撰寫時級職：海軍總司令部作戰計劃委員會少將
　　　　　　副主任委員

作戰地區：舟山

作戰起迄日期：38 年 5 月 28 日至 39 年 4 月 15 日

前言

　　奉派赴英接收贈我國防艇八艘，於三十六年元月至六月先後陸續到達上海，成立為海岸巡防艇隊。嗣於三十七年二月奉命併編海軍第九砲艇隊，改編為第一巡防艇隊。至三十八年五月底，由上海轉進舟山，改編為第一機動艇隊，是艇隊始終以八艘防艇為主力，駐防九江以下之長江流域及舟山群島之海域。爰以是項艇隻性能較優，火力與通信等均強，適宜內河與近海作戰，余奉命任是艇隊長約三年有半（三十五年十二月至卅九年四月），參加勘亂作戰不下百餘次，但均係零星戰鬥，加以資料不全，佔國軍整個戡亂作戰之比例，實微不足道。今僅就記憶所及，稍有規模之作戰，分為江防作戰（泰興戰役、太安港戰役）、上海保衛戰及舟山防衛戰等謹報於後。

舟山防衛戰

一、概述（參閱前言）

　　我第一巡防艇隊於三十八年五月廿八日全部移駐定海，奉命更改番號為「第一機動艇隊」，直屬海軍總司令部，惟仍配屬駐防舟山區艦隊司令指揮作戰，以示統一。劃撥砲一艇、差 46 及

差 84 各艇給第一軍區司令部為港內勤務艇，並以聯捷艦代替聯珠艦為隊部指揮艦，仍以防艇八艘，為作戰之主力，其餘編制裝備等與前相同。

余所謂「舟山保衛戰」者，係指我艇隊自上海轉進定海時起（三八、五、廿八）迄余交卸艇隊長時止（三九、四、一五），在此約一年時期內，日日作戰，夜夜作戰，處處作戰，其中將包括大榭島、金塘島及登步島等戰役，為檢討方便起見，故綜合為「舟山保衛戰」。

二、作戰前之狀況

1. 定海縣，浙江省治之一，自滬杭轉進後，浙江省政府亦設於此，所轄舟山群島，在岱山島另設一翁縣，並在嵊泗列島設一設置局，新設之縣局長，基於軍事需要，皆由海軍派往。自是二縣一局，在省府轄治下，成立簡單省政系統。

2. 在卅七年間，曾有匪華南軍區吸收之巨盜徐小玉者，約有海盜千餘人，以東福山島為根據地，竄擾浙江沿海，影響我海軍戡亂戰事。同時舟山群島為我海上重要基地，必須有良好之治安，完全在海軍控制下，始免局勢惡化時，為匪人所乘。前海軍總司令桂上將，早有鑑於斯，遂於三十七年九月十日親率艦艇十餘艘，清剿徐股匪盜達十四日之久，奠定舟山群島區以後之安謐，因以使滬杭撤退時，軍政主力能順利來此，對桂上將先見之明，功在黨國，令人欽佩，念念不忘也。我艇隊亦派三艇參加是戰役，頗建功績，大受上峰嘉勉。

3. 成立舟山防衛司令部，統一指揮陸海空三軍，計陸軍有五二軍、六七軍及八七軍等三個軍，海軍第一艦隊（後調防為第二艦隊）、第一機動艇隊及海軍陸戰隊第一旅，空軍一個

中隊，國軍駐防舟山者，要如所述。匪軍則有廿一軍、廿二軍、廿三軍及廿四軍等，以寧波為指揮中心，分佈各軍於沿海與我軍隔海相對，匪對準備渡海作戰積極，而舟山在我陸海空軍協同保衛下，情況尚稱穩定。

4. 海軍第一軍區司令部，自上海撤退至定海，嗣又轉移於長塗島，除作戰任務外，其他如基地建設、行政管理及後勤支援等，均屬軍區部職權範圍。本艇隊在舟山作戰期間，分對艦隊部及軍區部負責。

三、我軍作戰指導

1. 基於以前之經驗，首先須建立良好通信系統，如艦隊部與艇隊部，艦與艇以及與岸上友軍通信等，以利作戰。

2. 為免除與友軍誤會而招意外損失計，確定簡易識別信號。

3. 確定艦與艦配合作戰之原則，主要使用大艦於外港，使用艇隻於內港，分別指定區域，互相配合，如在同一區域時，艇隻應輔助大艦作戰為主。

4. 陸海聯合作戰，因舟山區島嶼羅列，各島對敵之形勢不盡相同，主要之聯合作戰原則，雖由防衛部統一指示，但我艇在內港區域，對各島守軍，仍須有詳細協商，以發揮更大之戰力。

5. 海空聯合作戰較易，因匪彼時尚無海空軍，加以我艇隊更無對空機之裝備，故要求空援時，由艇隊部電艦隊部或空軍申請之。

6. 防艇八艘經常維持四分之一兵力（兩艇）保養訓練，四分之三兵力（六艘）使用作戰。又以作戰兵力之三分一（兩艇）控制機動使用為原則。亦即以四艇晝夜執行巡弋、警戒作戰任務。

7. 匪由寧波乘船，出甬江渡海作戰，唯一之最大顧慮，除請空軍隨時偵察外，本艇隊巡弋重點，應在甬江口附近海面，次一重點，即為梅山、六橫附近海面，以防匪由穿山半島出渡攻擊。

8. 夜間及視界不良天氣時，係匪活動時間，應加強巡弋戒備，我艇隊須積極從事夜間作戰之訓練。

9. 我艇隊對戰術指導原則如下：

（一）穩打－沉著慧敏，尤其在夜間，不可誤判情況而呈緊急慌張狀態。

（二）準打－瞄準再打，以免浪費寶貴之彈藥。

（三）短打－接近匪船以猛烈火力，短促時間，即變船位之打法，使匪岸砲火不得發揚。

（四）近打－接近匪岸邊迎擊匪船，利用匪岸砲死角海面，以掩避己艇。

（五）不亂－二艇為一作戰組，指揮艇在前，後艇隨航，不得稍亂，夜間尤值注意。

（六）打頭船－意即打指揮船，使匪船紊亂而予殲滅。

（七）打火力船－匪有火力船編組，先打是種船隻，減少對我之攻擊。

（八）齊火射擊－一艇之砲火須集中於一目標射擊，如遇有力目標，二艇火力亦須集中，予匪重大損害。

（九）打船伕－匪船伕有老百姓者，亦有匪士兵訓練者，盡可能射擊船伕，使匪船失去操縱。

（十）速換目標－切忌死打一匪船，給其他匪船迅速通過之時機，況木船實不易擊沉。

（十一）勿受欺騙－匪有放空船紮草人之欺騙行為，須注意觀

測，免為所騙而誤戰機。

（十二）從船尾射擊－匪船火力裝備多在船頭，利用木船轉頭不便之缺點，我艇盡可能從匪船尾方向射擊。

10. 阻擊匪船於半渡，打破其攻擊計劃為上，如迫不得已，亦應與友軍合殲犯匪於水際。

11. 我艇隊戍駐定海內港，面對整備圖犯之匪軍，係一長期性之作戰，務須加強人、船之保養與訓練，切忌疲勞使用兵力。

四、作戰經過

1. 我艇隊自三十八年五月廿八日，轉駐定海，迄三十九年四月十五日止，為期約一年時間，隨時作戰，隨處作戰，打破匪人渡海來犯之準備與海上訓練等，大小戰鬥不下百餘次。三十八年九月間第一軍區司令部移設長塗，第一艦隊司令部移駐於艦上，常時停泊於沈家門及普陀海面，獨留我艇隊於定海，負責乍浦－象山港間匪岸巡弋警戒，其重點則為甬江口外梅山、六橫一帶海面。自是我艇隊發揮高度作戰性能與來日培養之戰力，經常截擊匪船，擄獲匪俘與文件，對國軍重要匪情之供獻甚大，匪軍受此打擊，使之不敢輕易舉犯，彼時譽稱我艇隊為「小八艦」，使匪軍聞之膽怯。國軍有充裕之時間，重新調整軍事佈署，加強戰力，奠定登步戰勝之基礎，在舟山保衛戰中，除經常在海面與匪船作戰外，對島作戰有大榭、金塘及登步等是，茲分述如下。

2. 大榭島作戰－自三十八年八月八日起至八月廿日止，陸續戰鬥達十二天，七十五軍第六師之四八團，對匪艱苦戰鬥，卒以眾寡懸殊，損失頗重，我防艇一面作戰，一面撤運，計撤下官兵八四員與輕重武器等，是戰役由我艇給匪軍傷亡三百

餘人、馬匹二十餘匹。我艇受稍受彈片擊傷，人員無損失。

3. 金塘島作戰－三十八年十月三日夜，風雨交加，匪乘以惡劣天氣，由三山乘船進犯金塘島，我艇集中力量，予以阻擊，終因天色過於黑暗，尋找目標不易，致匪船第一波部分竄抵金塘島岸，惟我艇澈夜在金塘水道梭巡攻擊，並有太倉艦來外洋螺海面助戰，使匪船再無繼續船波進犯，所抵金塘島少數匪軍實不足為患，惜守軍抵抗力弱，未能殲滅犯匪，殊深遺憾。至次日防衛部派輪由瀝港撤運守軍 102D，五日撤退完畢。是戰役擊毀之匪船與人員雖不詳細，但由四日白天所見匪船在岸邊狼藉情形及匪軍浮屍等，判斷匪已受重大創傷。並捕獲一船，匪兵二人及攜帶武器等。（作戰要圖如附圖一）

4. 登步島作戰－三十八年十一月三日下午，桃花島匪砲向我登步守軍射擊，是日夜天氣惡劣，匪遂登船進犯登步，經一夜之激烈戰鬥，匪我雙方均傷亡慘重，惟匪眾我寡，戰況甚為不利。四日匪繼續攻擊，我愈不利，重要據點，均被攻陷，我軍僅守有限之灘頭陣地，斯時援軍將到，士氣大為一振，整頓反擊，克服一、二據點，戰局稍呈穩定，由定海所派增援部隊至四日下午傍晚，始有部分登陸，配合原守軍，轉守為攻，是日夜戰鬥仍甚劇烈，雙方傷亡亦重，由於增援部隊陸續登陸，參加作戰，直戰至五月下午，匪均顯有潰敗現象，戰局已告穩定。至五日夜最後增援部隊到達，開始肅清殘匪，戰至六日上午八時許，勝利結束此戰役。自始至終，均有海空軍參加作戰，盡天氣之許可，全力聯合作戰，實獲勝利之主因，我艇來往巡弋穿山半島與桃花島間之水道，主負切斷匪後援之任務，當時截獲匪後送傷兵船數隻，傷兵數十人，正好供給我國軍所需要之匪情，並於五日夜在西後門

水道半洋礁附近捕獲企圖擾亂定海本島之匪船兩隻，匪軍官兵四三人及全副武裝，匪計不逞，受莫大之打擊，對登步戰局，有甚大之助益。（作戰要圖如附圖一）

5. 自登步島戰役後，匪軍恐國軍反攻，遂對金塘島與桃花島加強兵力，積極構築工事等，其海上運輸，因之增多，匪在運輸起訖岸邊，設置探照燈與重砲，我艇隊為切斷匪運輸計，遂在匪砲有效射擊下，晝夜截擊匪船，截擊時多遇匪之全力抵抗，甚至靠撤時，而以手榴彈擲至我艇，且有寧願投海而死不為我俘者，由此可見匪頑強之情形。我艇隊駐防定海一年，實無一日不在作戰，直戰至三十九年五月舟山撤退，光榮結束我隊之舟山保衛戰。

五、戰鬥後狀況

國軍自大陸失利後，南據海南島，北據舟山群島，對匪成為鉗形態勢，匪急於攻佔舟山情形，概可想見，加以海軍封鎖長江，置上海於死市，匪經濟因之受莫大損失，因此形成舟山之重要性。故自大榭、金塘及登步戰役後，國軍加倍固守舟山之一切準備，企圖由確保舟山而反攻大陸，直至撤退時，舟山可稱確保無慮。我艇隊在保衛舟山，作戰一年之時間，其戰果詳確資料不全，僅就概要情形，列陳如下：

1. 捕獲匪船約近百隻。
2. 擄獲匪俘約二百餘人。
3. 截獲大米約二百餘噸。
4. 截獲武器、彈藥、被服、裝具及修船材料等甚夥。
5. 截獲匪重要及一般文件甚多。
6. 擊沉、擊毀之匪船及匪軍人員、馬匹傷亡等亦甚多。

7. 我艇隊除防五艇附趙振興少尉重傷陣亡外，其餘船與人均僅有輕微損失。

六、檢討

甲、對大榭作戰之意見

1. 上級對大榭島之棄與守，決心不夠，致延長作戰時間，增加守軍死傷。

2. 曾一度增援，因戰力差，未發生作用，據悉指揮官未登陸即返定海。

3. 因匪彼時無海空軍，我海空軍得從容支援守軍，維持作戰達十二日之久。

4. 上級對大榭既缺乏支援能力，又無明確撤退之表示與準備，陷守軍於苦境，焉能不敗。

5. 第一機動艇隊長親率防艇指揮作戰，冒搭乘過量之大危險，撤退友軍，誠值感佩。

乙、對金塘作戰之意見

1. 艇隊長親率防艇，適時到達金塘水道，雖全力截擊匪船而終有漏竄者，此足證守島作戰之重要認識。

2. 守島部隊士氣甚低落，對登陸少數匪軍，且在不易登陸之岸邊，竟不抵抗，金塘可謂未戰而退。

3. 金塘失守，對定海本島之安全，影響甚大。

丙、對登步作戰之意見

1. 登步勝利，主在守軍誓死不屈之精神，爭取時間，待援軍之到達。

2. 援軍登陸準備不周，以致超乎意外之遲緩，招致國軍傷亡慘重，故雖勝利，亦屬苦果。

丁、對舟山保衛戰綜合意見

1. 匪強調「要澈底殲滅我舟山國軍，完成解放全浙江省之任務」，舟山為匪所必攻，我所必守。政府決心保衛舟山，已盡當時最大之可能力量，置於舟山。

2. 為集中力量，調整部署，放棄島島作戰之思想，如梅山、六橫、桃花等島，均係迫不得已而放棄者。

3. 由於國家財力有限，雖國軍必守之島嶼，其防禦工事，仍甚薄弱，一切準備，皆不充分。

4. 當時三軍聯合作戰觀念不一致，各軍種互相瞭解不夠，不能絕對統一指揮，以致不能凝結統合戰力，且缺乏互信心。

5. 彼時國軍對島嶼作戰軍事知識不足，對細微而必要事體，為之忽視，鑄成錯誤。

6. 賴機動艇隊經常捕獲匪船，由匪俘與文件中，舟山防衛部寫出一本「俘匪文件綜合研究與對策」，對保衛舟山，實供獻最大。俘匪文件，經整理概分下列數種：

   a. 隔海打地堡之研究。

   b. 如何對付敵人反擊。

   c. 關於攻擊舟山群島渡海作戰一般的戰術指示。

   d. 關於渡海作戰教育及準備工作的指示。

   e. 敵灘頭側防禦工事的介紹與我破壞障礙的初步研究。

   f. 再論戰役動員與戰備工作。

   g. 廈門、金門兩島作戰經驗。

   h. 俘匪文件摘要。

7. 海軍機動艇隊始終維持四分之三兵力使用，四分之一兵力修護保養，一面作戰，一面訓練，永維戰力於不墜，

一至緊要關頭，使用全兵力應戰，彼時對匪船作戰戰術上數點之指示，迄今檢討，猶無缺憾。諸隊使用話報機，利用暗語通信與編號通信，適合當時情況需要，使作戰順利，猶為可貴。

附圖一

● 張仁耀
作戰時級職：海軍太湖軍艦中校艦長
撰寫時級職：海軍後勤艦隊司令部上校司令

作戰地區：舟山

作戰起迄日期：39 年 5 月

舟山之役－掩護撤退

（一）概述

　　三十九年一月間即奉令調駐舟山，仍為第二艦隊旗艦，經常停泊沈家門，不時巡弋於杭州灣及舟山各水道。匪陳毅部約三軍之眾已佔金壇島及穿山半島，形如對舟山本島之兩鉗。我友軍部隊石覺將軍為最高指揮官，約有十萬眾，分成各島，長塗島正填海建築大機場準備反攻，空軍一部駐定海，我海軍精銳艦隊一部及巡防艇隊一隊及其他支援部隊分駐各島。當時海軍第一軍區司令部由滬撤駐此間，故海軍方面潛力甚厚。最初政府或擬以此為基地，作反攻之橋樑，後以廣東、四川最後據點相繼失陷，當局遂決心集中兵力移駐台灣，遂放棄舟山。

（二）作戰經過

　　五月十二日旗艦駐節太昭，余奉密命率領太湖、永順、永靖三艦巡弋杭州灣，並對金壇島作擾亂射擊，舟山各島揚言先行攻佔金壇島，準備反攻，我海軍又不斷砲擊，誠似反攻前之姿態，各無線電報電話不斷發出假情報，引起匪方注意，聲勢浩蕩，似如大風暴來襲之前夕，商船不斷進駐各島，混淆匪軍耳目，以為台灣部隊進駐，但於深夜即將部隊撤走。至十七日晨全部完成，

余每次轟擊時，雖對各官兵鼓舞，但內心實痛苦萬分，因駐防舟山數月，全體官兵均磨拳擦掌，待機反攻，如彼等獲得真實消息，吾人將撤退，其心情將何以堪。十七日晨余先以無線廣播消息，使彼等知悉，然後再行公布，似對彼等稍能緩和其心情，至此各員始悉政府之用心良苦也。當日下午余艦復奉命殿後，馳騁海上，對各商輪指示航向並監督之，以免其轉折上海，見海上無一船隻時，余最後始抵下大陳島，前桂總司令正待余面獎一切，並犒賞余艦半隻黃牛。至此舟山撤退始告一段落。

（三）檢討

　　舟山撤退之成功，全在最高統帥之決心與保密之成功，諸如撤運船隻先集中基隆再北駛之消息封鎖成功，舟山發出假情報，無線電之亂真，海軍之砲擊，各種姿態均形成偽裝反攻之先聲。事後得悉駐金壇島之匪軍確實大部撤離放棄，故無人，撤離未遭任何損害，以台灣本島與舟山相距三百海浬以上，與二次大戰英軍撤離鄧寇爾克相比更形艱鉅，更為成功安全之撤退，即為一大勝利，此足證古訓不謬也。

● **黃紹容**
作戰時級職：海軍中建軍艦少校副長
撰寫時級職：海軍新高軍艦中校艦長

作戰地區：舟山群島

作戰起迄日期：39 年 5 月

舟山轉進戰役作戰詳歷及心得報告

一、作戰部隊

（一）本軍所屬各艦艇部隊。

（二）當地陸軍作戰部隊。

二、戰前之狀況

　　匪竊據大陸以後，藉俄帝之助力逐島進犯我舟山群島各島，加以匪空軍之力量日增，我可鞏固台澎，加強其餘各外圍島嶼軍力，乃有舟山轉進之舉動。

三、我軍作戰指導

　　我一面以欺騙手段，於撤退前夕以海陸兵力向匪作突擊行動，一面於舟山島背匪之一面密築臨時撤退碼頭，並以最祕匿之行動集結火力艦艇、商輪以從事撤運工作。

四、作戰經過

　　我艦於卅九年五月間（日期記憶不清），奉令於夜間出高雄港與友艦多艘會合，逕駛舟山目的地，當抵達目的地目標，這時適天降大霧，百碼外即不能見物，我艦雷達之助適時駛達，並即

奉命向臨時碼頭搶灘，隨即裝運車輛及人員、物資後離岸駛長塗島待命，翌日奉命駛返基隆。

五、戰鬥後狀況

　　我無損失，完滿達成任務。

六、檢討

（一）優點

　　1. 於撤前能利用欺騙戰術。

　　2. 行動祕密保密確實。

　　3. 計劃完善準備週到。

　　4. 民眾工作良好，撤運時能與軍隊合作，且民眾多隨軍撤台。

（二）缺點

　　1. 臨時碼頭之構築不理想（搶灘碼頭以大石堆成，凹凸不平，登陸艦多受損傷）。

　　2. 各艦之行動事先無先後計劃，當時固無情況，若情況緊急，易生混亂。

　　3. 部分無雷達或雷達不良，艦艇因大霧及船舶太多不敢駛近目標區，致初撤運時船隻未能迅速駛達裝載地點。

（三）經驗教訓

　　1. 認為有計劃有準備之作戰多能成功，反之多為失敗。

　　2. 利用欺騙戰術多能收出奇不意之神效。

　　3. 保密防諜良好乃作戰勝利之首要條件。

（四）改進意見

　　1. 臨時碼頭之構築應由海軍派員指導工作。

　　2. 對艦艇之通訊連絡仍須加強。

3. 應有備用計劃。

4. 應事先設有交通引導艦，必要時可設領水人員。

● **姜飛龍**
作戰時級職：海軍陸戰隊第一旅第二團第一營少校營長
撰寫時級職：海軍陸戰隊學校中校教官

作戰地區：舟山長塗島
作戰起迄日期：39 年 5 月

舟山轉進心得

一、說明

　　政府為了反抗抗俄，殲滅朱毛匪幫，解救大陸同胞，完成國民革命第三任務，乃決定集中兵力，將舟山部隊作戰略的轉進，增防到台灣基地，加強反攻復國的力量，由此可見領袖英明果斷的決心，目前之所以台灣有了強大雄壯精銳的部隊，獲得了國際友人的讚譽及盟邦的援助，加上我海內外僑胞大團結的反攻力量，大陸人心的向背，共匪內部的矛盾，面臨著層層危機，反攻復國，實為指顧間事。這種事實，實歸功於我領袖賢明的領導有方，今日才能勝利在握，相信時機一到，反攻一定成功，第三任務絕能完成。

二、部隊轉進的經過

（一）當三十九年五月十六日下午奉接撤退命令，部隊能在十二小時內配合氣候，迅速集中部隊轉進，在當時情況下，敵人相隔僅一河之差，若行動遲緩，就會影響部隊的安全。另在氣候方面，該島早晨雲霧密佈，能避免敵人空中視察，如延至當日九時，雲霧就會散開，空中就有顧慮了，因此對氣象觀測在計劃方面值得注意的。

（二）保密方面：部隊照常工作，佯言攻擊上海之敵，並通知各
　　　部隊需帶三天糧食，以作證實欺騙奸諜之活動，我軍採取
　　　此一謀略計劃運用下，實際對我軍撤退有很大價值。

（三）軍民合作方面：部隊駐防必須要組織民眾、訓練民眾、愛
　　　護民眾，到了緊急之時，才能發生效力。這次我軍撤退，
　　　得到民眾的協助不少，尤其是動員民船方面，差不多全體
　　　自願協助搬運工作，遵照規定時間完成，這證明我軍與民
　　　合作的效果，但在離開之時，一般民眾表示，依依不捨之
　　　情感，真使我感到萬分的難過。

結論

　　以上所述是為了節約其一部分兵力，確保反攻復國的力量，
故將舟山撤守，如從一時一地的去看，自為一次退卻或失敗，但
從反攻復國的長期鬥爭剖視，實為反攻復國的一大轉機，其目的
是以空間換取時間，以待較有利態勢之發展轉移攻勢，以殲滅敵
人，完成反攻復國的使命。

（三）巡弋大陳

● 陳振夫
作戰時級職：海軍咸寧軍艦少校艦長
撰寫時級職：海軍海灘總隊上校總隊長

作戰地區：浙江省臨海縣海門鎮
作戰起迄日期：38 年 7 月 D 日

海門戰鬥

一、作戰地區兵要概況（參閱附圖一）

（一）沿革

　　海門鎮位於浙東濱海椒江（亦名靈江）口內，為台州灣之通商口岸，原屬黃巖縣轄制，後改隸臨海縣轄，明季為防禦倭寇侵擾，建城設衛。抗戰期中，曾建有簡單砲台，以固海防，然已遭日軍登陸破壞，民三十八年共匪渡江後南侵浙東，該鎮遂淪入匪手。

（二）形勢

　　海門鎮濱臨椒江南口，與北岸之前所隔江相對，南北兩岸均有高山臨江雄峙，延亙入海，港口在兩山緊鎖間，寬僅 1/2 浬，為椒江之鎖鑰、台州之門戶，騰雲山、太和山、楓山屏衛海門東南，俯制全鎮，為軍事上必爭之要點。

（三）海岸及港灣

　　椒江口兩岸，均為沙泥塗岸，南岸泥塗外伸 3-5 浬，為台州淺灘，跋涉困難，海門與前所間之江面為海門港，港內水深 7-10 公尺，錨地良好，全港可容泊 5,000 噸以下船舶三艘，500 噸以下十艘，100 噸以下風機帆數百艘，

南岸建有大小碼頭六座，北岸有小碼頭一座，惟尚未具有現代化之港灣設備。本港港外，因受港內流沙沖積，漸形淤塞，尤以白沙山西南海面之門閂洲一帶一片淺灘，高潮水深約 7.5 公尺，低潮約 1.2 公尺，船隻均須趁潮通過，影響出入港時間。椒江口外，有竹嶼、鯁門、高島、東磯、一江諸島羅列，東南為上、下大陳山，合稱台州灣。

（四）氣象及潮汐

本地區夏、秋二季，風濤平靜，惟受熱帶洋面濕熱空氣所致，形成多雨霧，能見度差。而當颱風侵襲時，海上港內浪湧均極大。本區潮汐，晝夜漲落各一次，平均高潮間隙約 10 小時，大潮升 5.2 公尺，小潮 3.7 公尺，依月齡計，朔望日之子午時，為全月之最大潮日，本作戰（七月 D日）高潮時約在 1100。

（五）交通概況

海門外海航線，北通滬甬，南達甌閩。平時航運頻繁，內河江輪直達黃巖、臨海縣城，運河汽船可通路橋、澤國、溫嶺、松門、金清等地。海門、前所間，則有常設輪渡。陸路交通沿江可達黃巖，沿海公路通經路橋轉接浙東南北兩線，水陸交通咸稱便利。

（六）人口

海門區人口約五萬餘人，均操台屬方言，教育普及，文化水準頗高。台州區民性強悍，從軍者眾，台州海盜，更聞名南北洋。

（七）物產及工業

台屬黃、溫各縣，為著名產米之區，畜產農業副產均豐，

手工業亦甚發達。濱海地區，更富漁鹽之利，各項物產，均以海門為集運地，經此轉運出口。海門鎮有小型修船廠及機器廠多所，並能建造木質機帆船。

二、作戰起因

三十八年夏，共匪偷渡長江，攻佔京滬，乘勝舉兵南侵，直指浙閩，盤據浙東雁蕩山區之土共「三五支隊」，亦乘機蠢動策應，戰局迅速逆轉，我省屬部隊，次第敗潰，殘部被迫自海門退守竹嶼及大陳兩島。台屬溫嶺、黃巖、臨海各縣遂先後陷於匪手，駐定海之我浙江省政府，鑒於海門為浙東之重鎮，商運之中心，物產豐富，人力充足，擬於匪新佔立足未定之際，發動反攻突擊，搶丁搶糧，並收容遺散該區之原屬官兵及義民，以充實爾後作戰力量。經透過舟山防衛部派遣海空支援兵力，掩護浙江省保安副司令王雲沛所部，實施突擊登陸作戰，預期能於迅速攻克海門後，視情況再行決定次一行動。作戰開始日期，為三十八年七月上旬之 D 日（正確日期已不能記憶），歷時僅一日。

三、作戰前之狀況

（一）匪軍狀況

朱毛奸匪，自三十八年五月渡江後，其三野部隊即南竄東南沿海各省，判入侵台州所屬各縣兵力，似為一個正規師，散駐臨海、黃巖、溫嶺三縣。海門鎮為一重要港口，可能駐有一個營兵力，附近鄉村尚有土共部隊。

（二）我軍狀況

我浙省保安團隊及外海水警部隊，在保安副司令王雲沛少將率領下，轉戰溫、台各地，實力逐次損耗，所部大多離

散，最後被迫自海門退離大陸，暫駐椒江口外竹嶼、鯁門諸島。王部總兵力號稱兩個大隊（保安團及海警）及汽輪、機帆巡艇等約十五艘，總人數約八百人，僅有輕機槍以下之輕武器。王部官兵多數為浙東沿海人士，海警尤多台屬士兵，其親友均遺留海門一帶，而海島生活，艱苦異常，故頗切望能攻克海門。

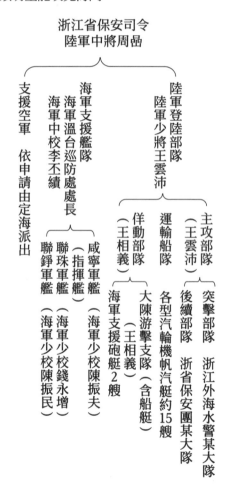

四、我軍作戰指導

（一）匪情概判

1. 竄擾浙東台州地區匪軍，為匪三野所屬吳化文部一個野戰師，其一個團已竄據臨海縣城，一個團盤據溫嶺縣境及路橋區，另一個團則分駐黃巖迄海門地區，海門鎮約有一個營兵力。匪軍僅有迫砲、機槍等輕武器，無山野砲及機械化裝備。

2. 匪軍為國軍叛部，訓練及作戰經驗均佳。官兵多為山東籍，體力健強，匪軍自渡江後，所向順利，故士氣良好。

3. 判匪軍於我軍發動登陸突擊初期，當憑藉海門外圍高山既設陣地，拒阻我軍進展，並迅速由黃巖及路橋實施增援，其增援可能到達時間，最快為三小時。

（二）我軍作戰指導概要

我突擊部隊，在海軍支援下，向海門區實施奇襲登陸，預期於海門港口南岸岩頭（騰雲山東端 40 高地）灘頭登陸後，即迅速攻取太和山，擴張戰果，壓迫匪軍退守海門鎮內，然後艦隊即掩護後續部隊突入港內，於沿江各碼頭登陸，夾擊鎮內匪軍，予以殲滅或驅逐。我佯動部隊，則於突擊發起之同時向金清港口及瑯璣山等處海面機動，並實施對岸砲擊，以迷惑匪方判斷及牽制溫嶺、路橋匪軍向海門增援，於我突擊部隊攻克太和山後，奉命尾隨主攻部隊進入海門港，參加陸上作戰及搶運物資。我支援空軍依先日之申請，適時到達，應對海門當面及其外圍匪軍，實施威力壓制，以支援本作戰。

五、作戰經過

（一）裝載及海上機動階段：

1. D 日 0500，登陸部隊分別於竹嶼（主攻部隊）及大陳（佯動部隊）裝載完畢，支援艦隊亦乘夜自大陳駛竹嶼會合。

2. D 日 0600 船團在海軍艦艇掩護下，利用輕霧，分別自竹嶼、大陳發航，於 0800 前抵達海門港口及金清港口。

（二）突擊登陸階段（參閱附圖二）

1. 0800 咸寧艦於海門港外 6,000 公尺處，以八生砲二門向騰雲山、太和山匪軍陣地開始砲擊，射程 4,400-5,600 公尺，聯珠、聯錚兩艦則進至岩頭附近海面對岩頭迄東山沿岸地區實施掃射，突擊部隊即換乘舢舨向岩頭灘頭分批實施登陸。

2. 佯動部隊亦同時對瑯璣山實施砲擊，並佯作企圖登陸姿態。

3. 由於登陸部隊僅有人力舢舨 6 艘，速率極低，往返駁運頗為費時，致迄至 1000 後，尚僅有官兵約 150 餘人獲得登陸，即向騰雲山 90 高地攻擊前進。

4. 當我軍開始攻擊時，南岸太和山及北岸圓山匪軍均以迫砲、機槍猛烈向我艦船射擊，並以火網封鎖港口，阻我艦艇迫近，及發覺我軍已在岩頭登陸時，即向太和山迄東山一線增強兵力。

5. 1100 我突擊部隊已完全攻佔騰雲山，但全在太和山匪軍火力控制之下，無法繼續進展，形成對峙狀態。匪軍雖位佔制高點，對騰雲山具有居高臨下有利態勢，但由於遭我艦砲壓制，常致無法如意活動。

6. 1100 後，我支援艦續向港口迫近，除轟擊太和山、東山等處匪陣地外，並延伸射程向海門鎮江邊一帶實施間斷射

擊，以擾亂匪軍後方。1130 我聯珠艦士兵一員，中機槍彈重傷。

7. 1100 左右，我支援機 F-51 二架飛臨海門上空，因高度過高，未收鎮壓效果，並因海空事前無協調，無法構成聯絡。我機在海門一帶盤旋偵察約一小時後，復向定海方向飛去。

8. 自 1100 迄 1300，匪我相持於太和山與騰雲山，其間雙方均曾數次發起攻擊，終因受制於對方砲火，無法通過反斜面及鞍部，尤以匪軍各次波浪形攻擊，均遭我艦砲擊潰。

9. 當匪我相持難下之際，海軍即催促登陸部隊繼續輸送部隊登陸，然登陸部隊指揮官表示，攻擊部隊可用兵力僅有 150 餘人，已全數登陸，另無其他兵力可派。

（三）撤退階段（參閱附圖三）

1. 1300 後，我軍各級指揮官，同鑑於本次作戰行動，我方既不能依預期計劃攻克太和山以擴張戰果，則後續部隊不宜貿然突入海門港，且我方實有兵力不及所稱之數，而匪軍則已有足夠時間獲得增援，如再持續不決，潮落後已登陸部隊將無法撤離，入夜將陷入匪軍包圍被殲。基此，登陸部隊指揮官遂下達決心，於 1400 起開始撤離，並通知佯動部隊亦返回大陳港。

2. 1400 起，海軍各艦復以猛烈砲火壓制匪軍，掩護我陸上部隊逐次撤退，由於駁運費時，且潮水已迅速下落，泥灘逐次延伸，影響行動，而匪軍則已判明我軍撤退企圖，故傾全力發起追擊。除由太和山出擊，冒我砲火躍過鞍部攻擊騰雲山外，並以約一個連兵力潛繞騰雲山南北麓，對岩頭迂迴包抄，企圖截斷我軍退路。我海軍鑑於友軍處境危

急，乃對追擊中之匪軍實施阻絕射擊。約在 1700 左右，我攻擊部隊大部均已安全撤出灘頭，惟最後尚有擔任掩護撤退之部隊共五人（官 1、士兵 4）雖已退至灘頭，但因潮落舢舨已無法靠灘駁接，斯時，匪先頭追擊部隊約一個排業已竄達岩頭灘頭，雖經我聯珠艦以 40 公釐砲猛烈射擊，予以全數殲滅，而匪後續部隊正紛向騰雲山及岩頭湧進，而因潮汐限制，艦船均須迅速退出泊地以便通過門鬥洲，以免致滯留港口，入夜航動困難，經陸海雙方協議後，我艦船部隊乃於 1700 後全部撤離海門港口，分返竹嶼及大陳港，本戰鬥至次遂告終止。

六、戰鬥後狀況

（一）敵我傷亡損失概計

  1. 匪軍：不詳。

  2. 我軍：王部海警大隊失蹤官 1 員、士兵 4 員，海軍聯珠艦兵 1 員重傷。

（二）戰後影響

  經本次戰鬥後，王雲沛部已放棄突擊海門之企圖，改取暫保海島，徐圖發展。

七、檢討

（一）匪軍方面

  1. 優點

   （1）士氣良好。

   （2）攻擊精神旺盛。

   （3）採取兩翼包圍戰法，確能予我重大威脅。

2. 缺點

（1）無重武器。

（2）發起包圍稍遲。

（二）我軍方面

1. 優點

（1）陸海軍協調合作密切。

（2）作戰指導適切，具有兩棲襲擊之規模。

（3）保密良好，戰鬥初期確收奇襲效果。

（4）海軍能全力支援友軍，對挽回危局，貢獻殊大。

（5）撤離決心下達確切，使攻擊部隊得以順利撤出。

（6）海警部隊雖訓練裝備均差，然在突擊迄撤退階段，
士氣戰志均極高昂。

2. 缺點

（1）王部甫經鉅創，所部殘破不全，未經整頓，戰力不高。

（2）王部號稱兩個大隊，而實際不及 500 人，由於人數
不實，致影響整個作戰指導之可行。

（3）與支援空軍事先未經協調，故無法構成聯絡，致無
助於本作戰。

（4）使用古老之人力舢舨擔任艦岸運動，費時且裝載量
不大，極易為匪各個擊破。

（5）登陸部隊缺乏通信器材，致指揮欠靈活。

（6）對最後撤退之掩護組，事前未作有效之準備措施，以
致無法撤出。

附圖一　海門鎮兵要概況圖

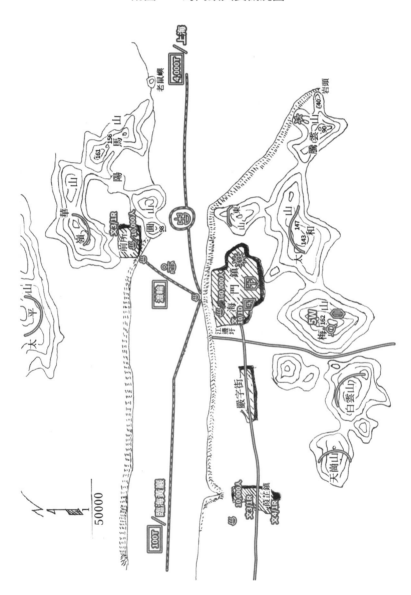

附圖二 突擊階段作戰要圖

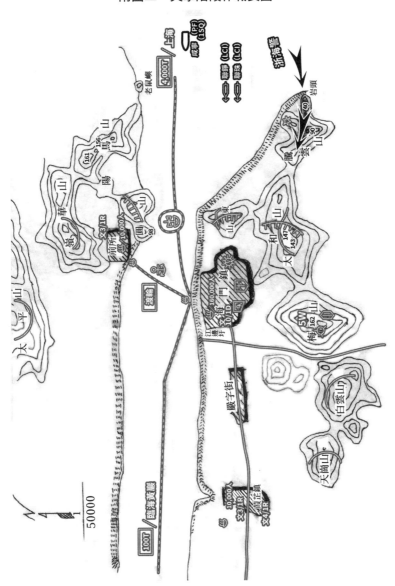

附圖三　撤離階段作戰要圖

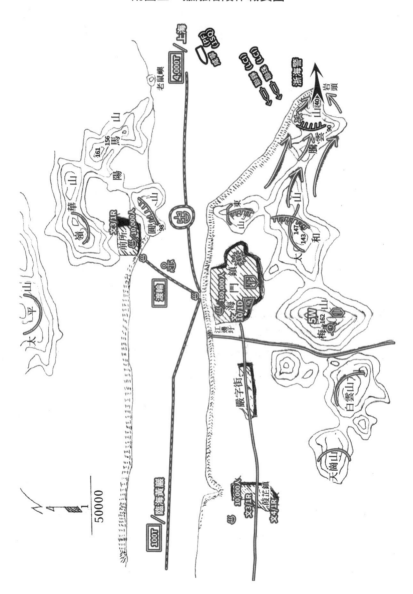

● 鄒堅
作戰時級職：海軍永泰軍艦中校艦長
撰寫時級職：海軍上校（石牌聯戰班六期）

作戰地區：浙海塞頭

作戰起迄日期：41年3月

塞頭披山戰鬥

1. 作戰經過概略

四十一年三月中旬，率永泰軍艦，奉命駐防披山，對隘頑灣大陸沿岸警戒並伺機出擊，該日黃昏附近，突接披山游擊隊派人口頭通知，發現匪艦艇三艘正沿岸由北往南航駛，立即啟錨向隘頑灣疾駛，接近攻擊，不久即可由望遠鏡看出匪LCI型艦一艘、砲艇二艘，編成魚貫隊形，見我艦接近正加速南下，圖遁入塞頭，並藉岸砲掩護盡量靠岸航行。我艦仍全速接近，至九千碼轉向西南，一面併航一面接近，俾可發揮全艦砲火，八千碼時命令三吋砲開放，匪岸砲也立即向我還擊，三吋砲雖彈落匪艦附近，但尚無命中彈，故仍盡量靠近至五千碼附近，命令四公分砲開始射擊，接近四千碼時，由於砲火集中匪之LCI艦，不久中彈起火，冒濃煙而速度降低，斯時天色已轉黑視，界不清，且因雙方砲戰結果，煙霧迷濛，僅見二砲艇黑影逃入港內，而遍尋起火受傷之LCI不見，雖冒岸砲射擊之危險，來回沿岸尋覓，終無發現，天已大黑，且沿岸羊嶼、雞冠山以西，小礁頗多，夜間航行頗不安全，仍轉向返披山，繼續擔任警戒。事後據情報人員報稱，該艦確受重傷，無法航行，故衝向岸邊擱淺，因天黑且係靠山邊成直角衝上，故不易發

現，艦上傷亡頗多云。

2. 心得與教訓

(1) 對劣勢之兵力，宜採用併航作戰，此次採用併航，故可有攻擊較長之時間。

(2) 匪艦艇傍岸山邊航行，辨識極困難。

(3) 三吋砲於八千碼距離，不易命中，尤以單砲為然，反之四公分砲於近距離，效果極佳，發生威力。

(4) 沿岸作戰，常須顧慮航海安全，而未能專心作戰（如常須變換航向及測定位置等）。

(5) 沿岸作戰受匪岸砲威脅極大。

(6) 當時陸地與艦無連絡或通信規定，全靠人員來艦聯絡，致出擊時間延遲，故陸海通信連絡對島嶼間海戰，關係極鉅。

(7) 夜戰困難，尤以匪艦傍岸航行，即有雷達也不能發現目標。

(8) 永字級艦速度慢，火力也不強，用作捕捉匪砲艇，尚嫌不足。

(9) 射擊訓練應不斷加強，尤以三吋砲無計算儀協助時，更應注意平時之訓練（匪艦射擊技術似更差）。

● **桂宗炎**
作戰時級職：海軍太平軍艦中校艦長
撰寫時級職：海軍峨嵋軍艦上校艦長

作戰地區：羊嶼及大小鹿島海面
作戰起迄日期：42 年 6 月 18 日至 20 日

突擊羊嶼、大小鹿島追憶

四十二年五月中旬，太平軍艦奉令巡駐於大陳海面，擔任第三艦隊司令齊鴻章少將旗艦任務，當時奉派該艦艦長職務，原隸屬於第一艦隊。是時大陳方面沿岸之匪均已有顯著增加，匪軍運亦漸趨頻繁，大陸沿岸沿漁山、大陳、披山一線匪砲位亦日見增加，匪利用機帆船利用黑夜與吃水較淺，傍大陸岸邊航行偷運供應軍需物品，對大陳區漸予威脅，情況漸趨嚴重。

大陳南面據點披山與北面據點漁山為鼎足而三的兩翼有力據點，自匪於是年春間盤據披山以南之羊嶼、大小鹿島以後，積極經營，安置巨砲，不時對披山射擊，予披山以重大之威脅。

大陳防衛司令部有見於此，乃計劃對羊嶼、大小鹿島施行突擊而佔領之，一方面確保披山之安全，一方面威脅匪沿岸之航行。

六月十七日晚，大陳防衛司令官秦東昌先生蒞艦指揮，是次作戰我方便使用兵力為登陸部隊五百人，支援艦艇除太平外，計信陽、永字號艦兩艘、江字號艦四艘，幾集中全部大陳區之海軍兵力。十八日晨二時進入作戰海面，各艦分別就位並開始對岸上施行砲轟，登陸部隊則分乘機帆船於於集中地點駛至距岸三千碼時，換乘拖帶之舢舨以人力弋向登陸點登陸。晨五時登陸成功

展開戰鬥，海軍艦艇接近至二、三千碼之距離，俾使 40 與 20 糎砲亦能加入射擊，支援戰鬥。下午二時大陳防衛部轉來情報，發現匪 PF 四艘經漁山南駛，乃緊急處理，預定率帶江字號四艘北駛邀擊。下午三時證實此情報訛誤，乃集中大小鹿島海面全力作戰，匪以頑強抵抗並射擊太平艦均未命中，下午五時全部佔領羊嶼及小鹿島，惟大鹿島之山頂屢攻不下，匪負隅作困獸鬥，匪沿岸砲台亦均向我猛烈射擊，並企圖登陸增援，均被擊退。入夜大鹿島山頭仍未攻克，且損失甚重，指揮官下達決心修正作戰計劃，實行撤離。十九日晨全部撤離，俘匪百人。二十日返防，大鹿島匪軍可能於我陣亡將士中撿獲遺留之通信簡語，開始偵聽我方行動，時以砲火射擊阻撓，尤對指揮官之行動為甚。

　　檢討是役作戰，未能成功有如下幾個因素：

（一）敵情判斷不確實，兵力估計相差過大。

（二）無後勤補給計劃，登陸部隊攜帶生米登陸，舉日均無炊膳，枵腹作戰影響體力，艦隊亦因彈藥無補充，影響火力。

（三）無預備隊支援登陸作戰。

（四）通信密語仍需改善。

● 儲文思
作戰時級職：海軍第二艦隊政治部上校主任
撰寫時級職：海軍第三軍區政治部上校主任

作戰地區：大陳海面

作戰起迄日期：42年6月19日至21日

隨海軍第二艦隊參加羊鹿戰役心得報告書

一、概述

　　四十二年六月，余任海軍第二艦隊政治部主任，艦隊駐戍大陳，歸江浙人民救國軍總指揮胡宗南氏節制，當年六月十九日羊鹿戰役開始，戰鬥卅二小時五十三分，該戰役為大陳方面首次具有兩棲規模之登陸攻擊戰。

　　戰役結果，未能攻佔大鹿山全部，尤其匪之核心陣地未能有效摧毀，致不能完滿達成任務。

　　該戰役，海軍艦隊之任務限於海上掩護及支援，余所親見者或屬一面之見，自未可以偏概全，惟胡指揮官在旗艦太平艦指揮，余恆隨侍左右，故得知梗概。

　　余係政工人員，向以國家為立場，自當忠於國家，不受軍種或本位之拘囿也。

　　該戰役中，全軍士氣旺盛，尤其擔任登陸攻擊之游擊部隊（人民救國軍部隊），輕裝攻堅，奮勇直前，俘獲匪軍七十餘人，鹵獲匪武裝甚夥，余親與俘虜群談話，親見大批俄式武器之戰利品，更親見我救國軍傷兵之安靜堅定，了無怨色。

　　余未及詳記戰利品之品類數量、俘虜人數、我軍傷亡姓名，未得參與江浙總部全般作戰計劃之策定，亦未能登岸一覘作戰實

況，凡此皆因職權所限，頗以為憾。

當戰況困頓，我軍難於持續攻擊，而決定撤退之前，美西方公司負責人巴羅（Barror）與余在太平艦官廳相對默坐，彼神情沮喪，詢余作何感想，余反問之。答曰："The enemy is too strong!"（敵人太頑強了！）此語予余印象深刻不忘。

巴羅係韓戰中美軍少校，駐大陳期間，對我軍協力至為熱心，為此次戰役促成者之一。

二、作戰前之狀況

（一）作戰前匪我態勢

　　匪軍於五月廿六日晚進犯羊嶼及雞冠山西真空島嶼，廿九日1900-2015以機帆船十五艘載兩營兵力竊據大鹿山、小鹿山兩島。六月十五日完成砲兵陣地，裝設遠射程砲四－五門，其餘戰防砲與迫擊砲約十五門。

　　洞頭、松門、楚門一帶有匪砲艇十五－二十艘，海門以北、三門灣、南韭山一帶海面，匪船間有三－四出沒。

　　海軍主力控制於大陳，自五月廿九日至六月十九日，每日派船兩艘駐披山，經常搜索羊鹿一帶海面，阻止匪隨船活動，並相機襲擊其岸砲陣地。

（二）天候及地形

　　六月份浙東早晚多霧，十九日高潮，月齡初九，風力三級，海面中浪。

　　大鹿山距羊嶼四千碼，羊嶼距寨頭（大陸）四千碼。

　　大鹿山距坎門（大陸）一萬二千碼。

　　大鹿山與小鹿山之間低潮時可徒步通過。

　　大、小鹿山除北部岙口可供登陸外，其餘環島多絕壁無法攀

登，南部雖有良好之登陸點，但諸島環衛，我無法進入。

大、小鹿山及羊嶼四週海面佈有漁柵，妨礙我艦航行。

三、我軍作戰指導

（一）各部隊任務

第一戰隊

太平艦（旗艦）：位於披山西南海面指揮作戰，相機支持
　　　　　　　　各艦。

信陽艦：位於披山西北 4000 碼海面，控制雞冠山、寨頭、
　　　　羊嶼間海面，並掩護我軍登陸羊嶼。

第二戰隊

位於羊嶼、小鹿山北端相連之線以東 3500-4000 碼海面。

永壽艦：掩護我軍登陸羊嶼。

寶應艦：掩護我軍登陸小鹿山。

第三戰隊

位於大鹿山、雞冠山南端相連之線以南 3500-4000 碼海面。

嘉陵艦：控制雞冠山、大鹿山西南海面，及附近水道。

洞庭艦：控制雞冠山、大鹿山西南海面，及附近水道。

第四戰隊

永昌艦：位於平頭山東端五浬附近海面監視七口洋一帶
　　　　海面，並候令支援第三戰隊。

雅龍艦：位於披山正北五浬附近海面監視松門角一帶海
　　　　面，並候令支援第二戰隊。

運輸部隊

美頌艦：裝載登陸部隊及舢板，進至羊嶼、小鹿間距岸約
　　　　2000 碼海面，下卸舢板及登陸部隊，爾後並擔任
　　　　接運傷亡救護。

（二）掩護射擊開始時間：六月 19 2200。初期第二、三戰隊及
　　　信陽艦各對其目標行制壓射擊 35-50 分鐘，同時登陸部隊
　　　開始接岸運動，進距登陸點 500 碼時，暫停射擊，爾後
　　　再行接近目標，或延伸火力直接支援登陸部隊之戰鬥，
　　　並以火力封鎖雞冠山、寨頭、羊嶼間之水道，阻絕匪船
　　　增援。

（三）戰鬥期間如發現匪機匪艦則以攻擊匪機匪艦為主。

四、作戰經過

（一）各艦均於 19 2200 到達指定位置。

（二）2203 各艦掩護登陸，對指定目標開始射擊，2245 暫停，
　　　2315 再對原目標連續射擊卅分鐘，匪砲遭我制壓未曾還
　　　擊，我登陸部隊得以順利登岸，衝入匪軍陣地，與匪搏
　　　戰。至廿日晨，我軍已攻占匪軍數線陣地，小鹿山已完全
　　　佔領，惟羊嶼方面，匪仍堅守核心陣地頑抗，晨八時，胡
　　　指揮官下第二次攻擊令，羊嶼方面我軍撲向一制高點，數
　　　次衝入匪陣，短兵相接，戰鬥慘烈。小鹿方面我軍向大旋
　　　廻，衝過沙灘，仰攻大鹿山，進至山腹，至十二時左右，
　　　羊嶼及大鹿我軍攻勢頓挫，我海軍各艦均應登陸部隊要求
　　　在攻擊期間行密切支援，匪砲亦頻頻還擊。我寶應、永壽
　　　兩艦進出匪岸砲射程之內，距岸有時不過一千碼，全艦大
　　　小武器，一齊發射，以熾盛火力支援登陸部隊，然終未能

全部摧毀匪陣地。下午一時左右匪船自寨頭增援，我艦發現後即以火力阻絕，輪番封鎖，而匪增援船隊在岸砲掩護下則更番竄隙。此時胡指揮官復令美頌艦向近岸行駛，錨泊硯互嶼運送預備隊登岸再興攻擊，企圖在匪軍增援部隊到達前，一舉攻克羊嶼，但預備隊似亦未能奏功，而大鹿方面我軍後援不繼，兵力顯已疲勞，與匪在山腹成對峙狀態。入夜以後羊嶼及大鹿我軍均無進展，然匪軍利用夜暗增援當可料及，戰況於我不利。廿一日0550胡指揮官乃下令撤退，以免拂曉之後匪軍反撲，致我登陸部隊陷於危殆。

廿一日0610海軍掩護美頌艦裝載登陸部隊、傷兵及俘虜駛離硯互嶼泊地，0830安抵披山。

五、戰鬥後狀況

（一）匪軍之傷亡估計較我為重，數字由江浙總部統計，已不復記憶。

（二）俘匪六十餘人。

（三）鹵獲匪軍武器由江浙總部統計處理，已不能憶其詳。

（四）可能擊沉匪大型運輸船一艘，傷匪機帆船十餘艘。

（五）永壽艦右舷中彈一枚，穿孔直徑一呎三吋，戰士三員輕傷。

（六）此役我軍雖未獲全功，惟登陸部隊及海軍戰士均意氣甚豪，以戰勝自居，此一現象所示，此役益增士氣，可證匪之傷亡較我為重。

六、檢討

（一）優點

1. 匪軍之優點

（1）陣地構築堅強：匪軍佔領大小鹿山及羊嶼雖僅廿日，但防禦工事之構築甚為注意，且施工頗為得法，其散兵壕深達一公尺餘，再於背海之壕壁挖掘旁穴，狀為神龕，匪兵蹲伏在內，我艦砲不易殺傷。

（2）適時增援：寨頭匪軍於廿日午後，以船隊陸續冒我艦砲火間隙向羊嶼增援，否則我軍必能全部攻佔羊嶼。

（3）部分匪軍戰志堅強：羊嶼之匪扼守制高點，負隅頑抗，固守待援。

2. 我軍之優點

（1）行動保密確實：此役完全收得奇襲效果。

（2）登陸部隊士氣旺盛：救國軍戰士平日待遇極微薄，而官兵用命，作戰極為奮勇。

（3）部隊掌握確實：登陸部隊各級幹部掌握確實，進退裕如，全部傷亡均從容後撤，有條不紊。

（4）陸海協同密切：此役陸海之協同，雖未臻理想境地，但較過去已大有進步，海陸兩軍戰士之間，尚有一種令人注意之現象，即海軍戰士多為救國軍戰士之英勇精神所感動，竟有反而埋怨其艦長者，某艦戰士中有謂：「人家游擊隊，一個月只拿兩三塊錢，可是打起戰來真漂亮，咱們艦長有點怕死，為什麼不靠近岸邊去打，怕什麼岸砲？」

（二）缺點

　1. 匪軍之缺點

　　（1）情報不週：我軍此次之奇襲行為，可謂出其不意，據匪俘供稱，小鹿山之砲兵陣地內所存砲彈甚少，戰鬥間倉促前往後山麓茅屋內搬取砲彈，時時停射，是證匪軍對我軍之攻擊事先未獲情報。

　　（2）士氣不旺：匪之守軍係曾參加韓戰之正規部隊，對共匪在大陸之措施極不滿意，被俘之匪兵多係匪指導員擊斃後投降者，傷俘搭美頌艦運往大陳途中，艦上戰士饗以稀飯，俘曰：「你們那來的白米，聽說你們在台灣只吃香蕉皮！」

　2. 我軍缺點

　　（1）情報不確：江浙總部估計據羊鹿匪軍兵力僅一個加強營，故以一個支隊攻擊，在兵力上認為已形成優勢，其實匪之兵力在兩營以上，致未能一舉殲敵。

　　（2）登陸部隊裝備不足：救國軍缺乏重裝備，不僅無砲兵，即戰鬥兵之子彈袋亦闕如，每人只儘袋中放數排子彈。

　　（3）通訊不良：登陸部隊各級指揮官要求海軍各艦火力支援時通訊不良，有時且須旗艦轉達各艦指示目標。

　　（4）海軍艦砲射擊命中率不高，各艦除行攻擊準備射擊，收得制壓之效外，對指定目標之射擊，雖間有命中，但未能摧毀。

　　（5）海軍未能有效阻絕匪軍增援：廿日午後，匪自寨頭向羊嶼增援，其部分船隻竟能竄隙而過。

　　（6）海軍各艦對匪岸砲過於敏感：當時之海軍各級指揮官

仍未能脫海軍之傳統觀念，認為海軍艦隊只應對敵之艦隊在海上作戰，不宜對要塞作戰，在岸砲射程內活動尤為不利，雖然如此，仍有部分艦長如寶應艦之汪傳賢，以服勤前方日久，沿海地形熟習，且奉命惟謹，故常果敢近岸，接近目標射擊，不似部分艦長對匪岸砲之估計過高，致降低射擊之命中率也。

（7）登陸部隊未能實施心戰：登陸攻擊部隊心戰器材缺乏，效果不宏，惟救國軍政工人員身先士卒，政治部主任且陣亡殉職，我救國軍士氣之盛，戰志之強自非偶然。

（8）登陸點之選定不佳：羊嶼登陸指揮官發覺登陸地點不良，臨時自行變更，加以舢板速度甚慢，登陸時間較預定遲四十分鐘，小鹿方面登陸時間則遲至一小時以上。

● **崔之道**
作戰時級職：海軍大陳特種任務艦隊代將司令
撰寫時級職：海軍驅逐艦隊司令部上校司令

作戰地區：三門灣

作戰起迄日期：43 年 3 月 18 日

戡亂三門灣戰役

一、概述

（一）作戰期間

民國四十三年三月十八日

（二）參戰之艦艇部隊

1. 艦艇：DE × 2（太湖、太倉）、PC × 1（嘉陵）

2. 空軍部隊 P4Y × 1、F47 × 24（僅二架攻擊 DD 型匪艦，
另四架攻擊三門灣砲艇，並遭遇匪 MIG-15 機，其他轟炸
白沙、積谷等地）

（三）當時職務

本人當時為第三艦隊司令兼大陳特種任務艦隊司令

（四）指揮官之更迭

1. 大陳特種任務艦隊司令部成立後即由本人兼任司令

2. 後即由第一艦隊司令劉廣凱兼任

二、作戰前之狀況

（一）戰地一般狀況

三門灣為白帶門、台州灣、南田灣之總匯，西有半山咀、
牛頭山諸砲台，北有光洋島、大佛島、南田山、龍虎山之

憑障，北達檀頭、石浦沿岸，並有三門島、菜花岐、彌陀島、風兒礁、泥螺礁為掩閉物，匪艦三面憑山，背影薄霧及岸砲掩護，雖處向日位置而仍居優勢，我艦雖處背日，在廣闊海面使敵更易窺我艦影，而故憑藉地形使我無法實施砲火擊、夾擊、圍擊、反旋擊等戰法，雖於敵艦轉向北駛一度實施橫擊、丁字形攻擊，為時甚暫，故多為正擊，不易獲致戰果也。

（二）我軍狀況

1. 大陳至漁山線經常派雙艦同時巡弋，且以一江、頭門、小鵝冠為泊地，監視匪軍行動，並相機主動截擊。

2. 我軍主力以大陳為根據地，經常泊有三、四艘艦戰備出擊，並支援外圍島嶼作戰。

（三）敵軍狀況

1. 台州灣、白帶門、南田灣、壇頭山經常有匪艦掩護運輸船團活動，多乘高潮及黑夜，藉岸砲掩護沿岸航駛，且其砲艇企圖捕捉我游擊隊工作艇。

2. 匪沿岸白沙山、青塘嘴、牛頭山、南田山、壇頭山、三門灣一帶均有匪岸砲，射程在萬碼以上。

3. 匪石浦、海門各駐有機帆大隊，並各有砲艇十餘艘。

4. 寧波駐有匪海軍航空第一師及空軍十二師，有 MIG-15 及 LA-11 式約九〇餘架，杭州匪駐有 MIG-9、MIG-15、LA-11、YAK-18、YAK-11 各型飛機約一百廿架。

5. 海門駐有匪公安 16D 48R 及高砲 14 團、裝甲砲 12 團，石浦駐有匪公安 16D 46R，沿岸並有匪 20 軍所屬 60 師各部。

6. 據報三月十七日晚至三月十八日晨，匪將有運糧機動船六艘由海門駛上海。

7. 三月十八日 0600 至 0800 匪艦三艘與石浦連絡非常密切，
另南田區觀測站亦同時與洞頭連絡頻繁。

三、我軍作戰指導

（一）戰鬥要領

1. 集中火力攻擊匪先頭領導艦。

2. 攻擊對我艦隊起害最大之艦。

3. 保持密集隊形（距離 300yd）以期火力集中。

4. 我殿後艦攻擊匪後艦或指定之艦。

5. 火力集中。

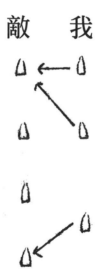

6. 砲戰開始時機以敵艦進入我主砲最大射程時開始射擊。

7. 敵砲火優勢，我艦隊則作 Z 字航行。

8. 避免接近匪岸砲射程內與匪艦作戰。

9. 倘我艦中彈則全速接近我主砲決戰距（5000yd-7000yd），
一舉而殲滅之。

10. 嚴密防空防潛。

11. 注意防火防水。

（二）戰鬥佈署

　　1. 接敵隊形　　　　　　　　　2. 戰鬥隊形
　　　（因係遭遇戰，接敵當時匪我
　　　　均無規則隊形）

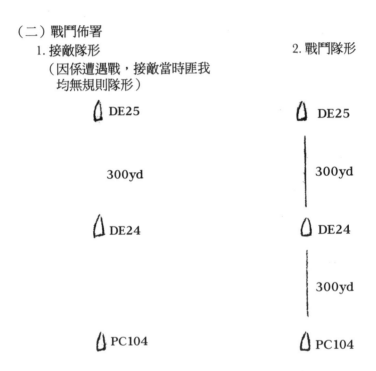

四、作戰經過

（一）戰鬥時間

　　　四十三年三月十八日 1015-1215

（二）戰鬥地點

　　　三門灣南田至壇頭山一帶海面

（三）敵我之對勢

敵 （1） 我
DD ←——14000yd——→ PC104

LST

敵 （2） 我
DD ←——14000yd——→ DE25
|
500yd
|
PC104

LST

敵 （3） 我
DD ←——10500yd——→ DE25
300yd
DE24
300yd
PC104

LST

LSM

YP

敵 （4） 我
DD ←——13200yd——→ DE25
300yd
DE24
300yd
PC104

LST

（四）戰鬥經過

1. 三月十八日 0830 本部奉大陳防守部燈號命令速派艦駛往鯁門（金門島）增援，協助 93 號魚雷快艇截擊登陸匪軍，0915 奉到防守部三月十八日電：聞匪已在鯁門島登陸，應速派艦予以截擊，毋使漏網，短期內可能有空軍前來，希進一江附近，以 TACP 連絡指示目標。

2. 本部遵命即飭太湖旗艦、太倉、寶應（當時靠衡山修理）等三艦儘速出動，同時即電令嘉陵（在頭門東）、永壽（在漁山）迅往搜索。

3. 0848 職率太湖旗艦已出大陳西口，同時再飭太倉速即出港，並轉寶應遵照。

4. 0920 太湖駛抵白天山、五棚嶼間，即見嘉陵由頭門沿高島東搜索前進，即以燈號通知該艦先駛小鵝冠一帶搜索。

5. 0942 旗艦抵三棚嶼西北 2000 碼時，距離嘉陵 11000 碼，該艦開始轉向小鵝冠前進。

6. 1004 飭旗艦開始備戰，並已由高島東北端轉向三門灣前進。

7. 1013 嘉陵在北澤北三門島間發現匪艦兩艘（DD × 1、LST × 1）成縱隊，LST 在 DD 艦左後方向東北航行，1015 距嘉陵 14000 碼時，匪艦即向嘉陵艦砲擊，彈著點均落該艦附近，且曾超越過千碼，該艦即轉向旗艦位置歸隊。

8. 1015 旗艦抵鯁門島東二浬時，即發現西北方三門灣海面匪驅逐艦一艘，漆淺灰色，陽光反射呈白色，煙筒兩個直立，前後白色砲塔各一，另一艘為 LST，尾隨距離約 1000 碼，該艦正向嘉陵射擊中，旗艦即駛往支援，敵艦背山有微霧，目標不明，旗艦佔位背陽光較為不利。

9. 敵我距離 18000 碼時，匪艦即改向旗艦轟擊，其彈著已超過數百碼，分電防守部、總部申請空援。

10. 1024 敵我距離 14000 碼，旗艦開始砲擊，隨即展開激烈砲戰，匪砲彈著均為遠近彈，幾無偏差，其射技術至為精確。

11. 1027 接敵至 13000 碼時，匪艦彈著更為準確，我單艦處不利形勢，且顧及嘉陵安全，故向右迴轉等候嘉陵及太倉會合編隊，我方暫停射擊，匪艦亦暫停射擊。

12. 1042 太倉、嘉陵加入戰鬥序列。

13. 1045 向敵接近至 11000 碼時，復展開激烈砲戰，太湖、

太倉集中火力轟擊匪領導艦（DD 型，口徑可能在五吋以上），嘉陵殿後攻擊匪 LST，匪艦開始 Z 字航行。

14. 1052 我再接敵至 10500 碼，敵我砲戰為最激烈階段，匪砲彈著均落太湖旗艦左右 20-30 碼處，彈片已飛落旗艦甲板上（彈片另呈鑑定），我彈著亦落匪艦四周，匪艦可能中彈受傷，當時我艦因受敵威脅太大，取迴避運動，而敵因受我砲火威脅，亦漸轉舵北駛。

15. 1100 發現菜花岐之西北方另有美字艦一艘、砲艦一艘加入匪航行序列，惟未發砲。

16. 1104 敵我距離 12800 碼時，再度激烈砲戰，匪砲彈著仍落旗艦左右 30 碼處，匪艦急向菜花岐山後行駛。

17. 1109 匪暫停射擊，即避入菜花岐山後，我艦隊因目標消失亦暫停射擊。

18. 1127、1130 友偵查機 P4Y 一架飛抵戰場，曾遭匪艦砲擊，該機因未攜帶武器，即通知其可返基地。

19. 1140 我高速追擊至我敵距離 13000 碼，匪 DD 在前 LST 在後，我單縱隊再度發生砲戰，匪砲擊已不猛烈，且匪之 LSM 及 YP 已轉返南田灣。

20. 1143 匪艦避入風兒礁，向石浦泊地內行駛，已停止還擊。

21. 1146 我艦隊攻擊目標改為 LST，1149 停止射擊，我減速在附近監視。

22. 1200 匪艦復由石浦泊地內轉出，圖護 LST 進港。1300 奉防守部三月十八日大追興電略以據報匪艇本十八日 0830 將鯁門停泊小船一隻拖往白帶門方向，現在該區活動匪軍似未登陸該島，希截擊砲艇。

23. 1025 友機 F47 兩架臨我艦隊上空，經 TACP 指示目標後，

1210 向匪艦投彈，未命中，匪艦即急入石浦，目標消失。

24. 1215 距離壇頭山 12900 碼時，我艦隊為顧慮匪空軍可能出動，未便久在附近監視，同時寶應艦由 1108 起至現在止尚在三門灣與匪艇多艘單獨作戰中（寶應戰鬥詳報另呈），即向三門灣返航，支援寶應作戰。

25. 1300 匪艇窺視我艦隊向三門灣前進，即開始逃竄，1330 飭寶應返航。

26. 1340 與 93 號艇在小鵝冠東會合，經報稱「鯁門島匪軍未登陸，僅將小帆船一艘拖走」。

27. 1340 飭嘉陵離隊，率寶應艦向鯁門島西搜索，如無發現，即駛往一江警戒。

28. 1410 太湖、太倉駛入白菱灣，經頭門、一江東於 1620 返抵上大陳錨泊。

五、戰鬥後之狀況

（一）匪我傷亡

匪不詳，我無傷亡。

（二）匪我損失

匪先頭艦（似 DD 型）可能中砲受傷，我無損失，太湖旗艦拾獲匪砲彈片大小四塊。

（三）彈藥消耗

太湖三吋砲彈 35 發

太倉三吋砲彈 103 發

嘉陵三吋砲彈 54 發

六、檢討

（一）優點

我

1. 指揮官有決心主動截擊，處置適當，攻擊精神及企圖心旺盛。

2. 各艦官兵用命，戰鬥意志堅強，士氣高昂，均能遵命逼近匪艦，不顧匪艦大口徑砲火威脅，擊退匪艦。

3. 戰鬥隊形適當，高度發揮砲術力。

4. 戰鬥指導得宜。

5. 海空協同良好。

6. 通信連絡迅速確實。

7. 旗艦出動迅速。

8. 砲度火力易於集中。

9. 情報迅速及時到達，不誤戰機。

10. 拾獲匪砲片以利研判匪艦砲口徑。

敵

1. 主砲口徑大，射程遠，且射擊精準，幾無偏差。

2. 靠近岸邊可由岸砲掩護作戰，佔住優勢。

3. 利用蛇行，不易測得正確航向航速。

4. 領導艦速度快。

5. 專射擊我太湖旗艦。

6. 戰鬥沉著。

7. 開闢戰場兩個，分散我軍兵力。

8. 測繪精確。

（二）缺點

我

1. 我艦速率不等，尤以嘉陵較慢，主砲口徑小，射程不及敵艦，未能取得砲戰均勢，亦不易追擊匪艦。

2. 戰鬥前未獲敵艦行動情報。

3. 太湖旗艦射擊紀律欠佳，人員不齊（缺槍砲官、槍砲員）。

4. 太倉、寶應出港較遲，接敵當時未能加入戰鬥序列。

5. 戰場兩個，指揮官不易同時兼顧。

6. 匪艦隊藉岸砲掩護，不能輕率靠近。

7. 不悉友機出動時間及架次，易生誤會。

8. 未能利用 P4Y 觀測我艦隊彈著。

9. 我艦隊太字艦 DRT 均損壞，未能描繪敵我作戰航跡。

10. 無照像機，未能拍攝敵艦照片，以資研判匪艦性能。

敵

1. 各艦速率不等，且 LST 速度慢，繫制匪領導艦不能高速航行。

2. 僅單艦發砲戰鬥，且砲數量少，有感勢孤，影響士氣。

3. 我未完成戰鬥序列前，未能把握機會對嘉陵或太湖主動追擊。

4. 匪空軍未能在海戰當時及時支援。

● 雍成學

作戰時級職：海軍大陳特種任務艦隊上校參謀長
撰寫時級職：海軍漢陽軍艦上校艦長

作戰地區：浙江漁山海面

作戰起迄日期：43 年 4 月 28 日

戡亂菜花岐戰役

一、概述

　　我海軍太平軍艦於漁山海面執行定期巡邏途中，在菜花岐附近，發現敵艦 FS 兩艘，當即保持接觸，同時向大陳海軍特種任務艦隊司令部報告求援。十六時任務艦隊司令劉廣凱將軍（現任海軍副總司令），奉令公出返臺，部務由筆者代理（時筆者為任務艦隊參謀長）。得悉太平艦求援之電訊後，當即率太康即 PC 兩艘疾駛往援，迨與太平艦會合後，突於菜花岐方面又發現匪大型艦二艘（PF、DD），此時兵力計敵艦四艘、我艦四艘，在菜花岐以東海面展開激烈砲戰，其中敵艦兩艘中彈起火，卒不支，退入三門灣，我艦亦安全返防。

二、作戰前之狀況

　　自從共匪整個竊據大陸之後，對於海軍之建設，可謂不遺餘力。自民國四十二年夏季以後，匪海軍正式艦艇以定海為基地，不時出現於溫、台海面，其沿近海岸之運輸，亦甚頻繁，所有各重要港口，亦多進駐要塞砲兵。

　　大陳原為台州海面幾個小島，自定海國軍轉進以來，防務不斷加強，島上駐守部隊，由游擊隊而正規軍，由輕武器而換成重

武器。海上部隊，首由少數艦艇而代以海軍主力艦隊駐守。因此
一向平靜之浙江海面，形成劍拔弩張的局面。

三、我軍作戰指導

（一）掌握制海權，確保大陳、漁山、披山。

（二）破壞共匪海上交通運輸。

（三）打擊共匪海上武力，見敵必戰。

四、作戰經過

　　四十三年四月二十八日，我太平艦（22 號）負責中美巡邏，
於上午九時許在菜花岐南二浬處，發現匪安字型及 FS 各一艘向
南航行，當即接近距匪艦八千碼時，我艦首先發砲攻擊，匪亦還
擊，我 22 號艦前艙中彈一發，幸未爆炸，匪安字型艦亦為我艦
擊中二發，艦尾冒煙。其後匪艦避入其岸砲掩護射程以內，我 22
號艦徐速向東南航行，期與增援艦艇會合，並與敵保持一萬二千
碼至一萬五千碼之距離，監視目標。

　　十點半我 21、104 兩艦自大陳馳援，107 自一江山馳援，
一二〇八加入序列，直至一二四四，22 號艦入列，各艦以 21、
22、104、107 之次序成單縱隊，加速接敵。

　　我旗艦 21 首先發砲（一二五五），時匪艦隊分為兩隊，陽
字型及安字型各一艘為一隊向南駛，FS 型二艘為一隊則疾駛向
北，實際上與我艦隊作戰之匪艦僅安字型及陽字型兩艦，FS 型
二艦於艦隊砲戰開始後，即行北駛避戰。

　　一三〇〇各艦相繼發砲，21、22 兩艦攻擊匪陽字型艦，104、
107 兩艦攻擊匪安字型艦，時雙方接近至一萬碼，砲戰激烈，匪
陽字型艦中兩彈，安字型中三彈。

一三三〇敵我艦隊再以反航對勢接觸，砲戰復起，激戰十分鐘後，敵陽字艦又為我擊中一發，向彌陀島、三門灣方面逃竄。我艦隊當即跟蹤追擊，後因海上雲霧突發，視界短促，目標消失。而於追擊途中，於旗艦左前方發現高度逾常之水柱兩起，判係匪機於高空投彈也，然雷達搜索，並無目標，於是率隊返大陳，抵港已午後四點半矣。

五、戰鬥後之狀況

（一）匪陽字型艦中彈三發，安字型艦中彈五發。

（二）我 22 艦中彈三發，無若何損傷，其他各艦均無損傷

（三）經過此次海上戰鬥之後，敵我雙方均未受到重大損失，故浙海之緊張氣氛，及共匪惴惴不安之情緒依然保持著。

六、檢討

（一）此次戰役，最後敵人集中四艦，而砲戰開始敵僅以兩艦參加，不悉何故？首先以 FS 作餌歟？抑彼確知彼戰力勝我歟？

（二）此次戰役我艦隊四艦參加，計主砲三吋口徑八門，而匪艦二艘計主砲五吋一口徑最少六門，故以戰力而言，匪軍可謂優勢，而對我艦隊並無若何損害，足見匪海軍對於砲術之訓練尚不良好。

（三）海軍本來是一個現代化科學的兵種，故對於質量的關係，都極重要。我們於此次戰役中，用三吋砲打退了五吋砲，是偶然的事，而不是常理。

（四）見敵必戰，是納爾遜的思想，能發揮高度的海軍攻擊精神，這自然是無可厚非，惟納爾遜當時有這種主張，是在

英國艦隊強大之後，橫霸大西洋時說的，並不是主張其以卵投石，知其不可為而為之的作法。今共匪海軍比我強大，吾人應如何苦思焦慮，利用戰略、戰術和高度智慧來以少勝多、以寡擊眾，擊敗共匪，是我們當前最大的課題。

● **劉廣凱**
作戰時級職：海軍特種任務艦隊司令部少將艦隊司令
撰寫時級職：海軍總司令部中將副總司令

作戰地區：大陳海面及浙江省沿海地區
作戰起迄日期：43 年 5 月 16 日至 17 日

浙海海戰戰役報告
一、概述

　　鯁門、頭門、高島為台州灣中之一群小島，分佈於大陳北十五浬左右處，鯁門、高島隔白菱灣水道相對，與鯁門、東磯鼎足而立，成三角形，各島間小島及暗礁甚多，航道狹窄，不適艦隊運動。四十三年五月前該時各島尚在真空，我情報人員常活躍其間，從事情報蒐集工作。

　　四十三年初，匪因鑑於浙海交通線為我海軍全面切斷，同年三月，匪艦艇遂經常出動，活動於三門灣、石浦一帶偵察虛實，但常與我巡弋鑑艇接觸，戰鬥頻起，匪艦屢經我重創，深感威脅甚大，勢有驅逐或殲滅我駐浙海艦隊實力之必要。

二、狀況判斷
　　一、任務
　　　　（一）確保大陳及其外圍我領各島之安全。
　　　　（二）擊滅來犯之匪艦船於海上，以維護本區之制海權。
　　二、狀況判斷
　　　　（一）作戰地區之特性
　　　　　　1. 島嶼綜錯，水道複雜，於雨霧陰晦視界短促，及黑夜

　　　之際艦艇航行不便。

2. 北起漁山南迄南麂幾達一百餘浬，艦隊防線綿長，若處處設防則集中不易，利於攻而不利於守。

3. 積穀山陷匪後，該島距大陳島僅八浬，對於大陳港內我艦艇動態均歷歷在目。

4. 大陳位距大陸近而距台灣遠，匪海軍可隨時有挑戰避戰之自由，且可獲有匪空軍之適切協助，我海空軍自台灣增援協力均較困難。

5. 匪自溫州灣、台州灣、三門灣、南田灣以迄石浦各沿海重要據點島嶼，均設有海岸砲兵以掩護匪艇之近海活動，並藉以威脅我艦艇之行動。

6. 浙省沿海漁船出海捕魚作業，數以千計，匪可利用漁船以偵察我艦隊實力動態，並可相機阻礙我艦艇之活動。

7. 大陳對於浙省沿海形勢言之，具有中央位置之利點，對於匪浙省沿海運輸線，確能予以重大威脅。艦隊由分割狀態果能迅速集中運用，則必能捕捉戰機，殲敵致果。

8. 本區五、六月間，適值雨霧時期，對於匪我雙方空軍之活動均有妨礙。

（二）匪海空軍戰力及最近動態之研判。

　（甲）匪海軍（北起上海南至溫州灣）

　　　1. 匪海軍華東軍區司令部所屬之第五艦隊（8 LST、9 LSM）、第六艦隊（8 PG）、第七艦隊（1 PG、3 FS）、魚雷快艇（20 PT）分駐上海、舟山外，另有砲艇大隊三個分駐石浦（10）、台州（7）、

溫州（11）及機帆船約二十餘艘。

  2. 匪海軍第一艦隊原駐青島以北，根據本艦隊寅巧三門灣、卯儉菜花岐兩次海戰戰役遭逢敵情之研判，認為匪北方艦隊已逐步南調中，故當面匪海軍勢力已形加強。

  3. 自三月下旬起迄四月底止，由於我艦隊重新調整佈署，加強威力搜索，採取積極攻勢以來，已有九次海戰接觸，匪均未得逞，深受我艦隊之威脅甚大，此後匪我雙方發展正規海戰乃係必然之趨勢。

（乙）匪空軍（以距大陳 400 浬半徑以內者為限）

  1. 匪海軍航空第一、二師可能分駐上海、岱山、杭州、衢州、寧波、章橋各機場。

  2. 匪另有噴氣式飛機分駐上述各基地，惟噴氣式飛機對我艦艇威脅性甚小。

  3. 根據最近主要兩次海戰，均有匪空軍之協力，證明匪海空協同訓練已有初步基礎，惟尚未進入成熟階段。

（三）匪海軍作戰指導之研判

  1. 要塞艦隊觀念，近海決戰主義。匪艦隊利用海岸陸影為依托，陸岸砲兵為掩護，構成海上活動要塞，實行機動防禦，重點運用，以引誘我艦隊之追擊，另適時以匪空軍之協力，斷行近海決戰。

  2. 引誘欺騙後退配備漸減作戰，以匪砲艇為誘餌，另以優勢艦隻先行潛伏岸邊島後，一俟我艦發現追擊至適當位置後，即予擊滅或捕捉之，以期漸減我艦隊

實力。

3. 集中優勢以多勝少，不打無把握的仗。

4. 獲得空中優勢，奪取制海權，匪先運用其海空協同，全力迫使我艦隊作戰，在戰場上易攻為守，次則威脅我艦隊在大陳區之安全與立足，進而驅逐或殲滅之，期以實現其最後進犯大陳之目的。

（四）匪海軍之可能行動及其分析

1. 陸海空三軍同時進犯大陳本島或外島，實行正規的兩棲登陸作戰。判斷各島嶼地形不利於大規模之登陸，不一定有絕對制勝把握，且得不償失，故可能性極小。

2. 匪海空協力，誘導我海軍主力至近海決戰而殲滅之，或先以空軍轟炸大陳各區艦艇，妨礙我艦隊之集中，另以匪海軍同時夾擊之，以收各個擊破之效。本案乃敵主我從，對我最屬不利者，故可能性極大。

3. 匪用魚雷快艇與快速砲艇乘黑夜拂曉之際，對我駐港艦隊實行奇襲。

因我艦隊佈署警戒週密，匪未必得逞，各艦吃水深度較淺，魚雷射擊效率殊小。匪艇火砲口徑較小，對我危害不大，且我艦隊反可捕捉戰機，予以截擊，故本案公算甚少。

4. 以大吃小，以多勝少，相機消滅我各區巡邏艦。本案可能性亦甚大。

（五）本艦隊之行動考案及其分析

1. 疏散配備，守勢待敵，分區雙艦巡邏，加強威力搜索，控制主力於大陳港，隨時準備支援各區之作戰。

本案在保衛大陳之觀點言之，最屬有利，但不能爭取主動，甚難獲得有利時機及地點，以斷行殲滅匪艦隊。

2. 集中主力採取攻勢，主動索敵，以奇襲先制之手段，海軍獨立覓求匪艦隊主力而攻擊之。本案在海軍漸減作戰觀點誠屬有利，且足發揮海軍軍種攻擊機動之特性，但因我情報太差，匪主力艦隊不常出海，覓求不易，且艦隊實力有限，一經損失，補充困難。

3. 誘匪出擊，遠海決戰，依我空軍之協力，海空聯合攻擊匪艦隊、飛機而殲滅之。本案為最佳行動之考察，但我空軍支援能否適合戰機，海空協同作戰成效程度如何，均屬重大疑問。

判決：

1. 匪海軍為要塞艦隊觀念，企圖近海作戰，我海軍為現存艦隊主義，利在遠海作戰。

2. 匪可能挾持其優勢海空軍聯合作戰，捕捉我艦隊主力於陸岸近海而殲滅之。

3. 我艦隊為確保大陳之任務，應依據疏散配備集中使用之方針積極行動，並本見敵必戰之精神，遇劣勢之敵則斷然殲滅之，遇等勢之敵應決心攻擊之，遇優勢之敵則應初期避戰，誘敵待援，至遠海水域後，依空軍之協力或集中艦隊全力單獨斷行決戰，一舉而殲滅之。

三、作戰前之狀況

（一）匪軍一般狀況

基於前述狀況，匪於四十三年五月十五日主力艦隊 002、003、004、770、020 及興國、遵義等九艦，由舟山傾巢南

下，於東磯之北活動，欲驅逐我艦隊南離本區。同日 2100
匪砲艇 12 艘亦活動於台州灣附近各島，而上嶼西南 1,000
公尺處，據大陳防衛部通報，「五月十一日亦曾發現潛艇
於該處活動，向我大陳本島窺探虛實，迨至五月十六日匪
屬上海、杭州、寧波各地機場各型機四百餘架則全部待命
出動」。

（二）我軍一般狀況

我艦隊主力集中大陳港內，隨時待機出動，經常有 DE 一
艘，AM 或 PGM 三艘，應情況之需要均可主動隨時出
擊，機動作戰。漁山以西海面則經常有中美巡邏艦一艘巡
弋其間，一江山、頭門、小鵝冠海面及披山、南箕海面
（大陳西南區）各經常派有軍艦兩艘，組織戰術單位晝夜
巡弋，以加強威力搜索，為監視敵情動態及匪沿海交通。
五月十六日經連續匪我七次海戰後，太康、太和相繼中
彈，亟需搶修，雅龍、嘉陵主機電機亦生故障，寶應 40
糎砲不能俯仰，永定雷達失靈，永順鍋爐損壞，全使艦隊
戰力頓減，而增援各艦又不能適時達大陳，必須剋即緊急
整頓，故艦隊佈署不得不偏重於防禦性。

（三）匪我兵力

A. 匪軍（舟山戰鬥大隊－可能為臨時編組，主官姓名不詳）

　　1. 登陸艇若干艘

　　2. FS 型艦四艘－遵義、興國、瑞金及另一艘。（長
　　　　200 呎，航速 14kts，主砲 3"×3、副砲雙聯裝）

　　3. 高安型 PF 一艘（噸位大小與高安同，唯艦身中間
　　　　較寬，前後均有砲塔，口徑 4".7 或 5".1）

4. PG 潮安型二艘（噸位大小同潮安，前後均有砲塔，口徑 4".7 前後各一門）

5. DD 級陽字型三艘（大小與丹陽同，艦身較丹陽高，艦首砲塔兩座均雙聯裝 5".1 或 4".7 以上）

6. 南昌號（原長治）一艘

7. YP 砲艇 15 艘

另空軍若干架待命附近各機場。

B. 我軍（浙海特種任務艦隊－司令海軍少將劉廣凱）

1. 第一戰隊 DE 二艘－太康、太和（旗艦太康，另太平艦當日泊基隆整備補充，十七日始返大陳）

2. 第二戰隊 PGM 三艘－雅龍、寶應、嘉陵

3. 第三戰隊 AM 二艘－永定、永順

（四）氣象海象

A. 天氣

五月十六日陰雨，風向西南，風力 1-2 節，溫度 57 ℉，氣壓 2978。

五月十七日陰雨，風向西南，風力 1-2 節，溫度 60 ℉，氣壓 2958，微雨。

B. 海象

五月十六日微波視界四至十浬，午前漲潮流向西北，流速二節。

五月十七日微波視界四至十浬，午前漲潮流向西北，流速二節，午後退潮流向東南，流速二節。

（五）戰場形勢

因各島間航道窄，暗礁多，艦隊運動不便，匪遂利用磨盤山、頭門、白菱灣狹窄水道掩蔽，並藉白沙山、浪磯山、

九洞門岸砲掩護。我艦隊位居外線，目標暴露，自進頭門則運轉困難，居於不利態勢。且匪船以檀頭山及半頭山為背影，傍依泥礁、風兒礁、彌陀島與菜花岐活動，另藉其岸砲掩護並不遠離，使我無法適時捕捉戰機，爭取有利對勢。我巡弋搜索各艦，在漁山西北則處於廣闊海面，無以為屏障，目標暴露，易於為匪發現及判明我艦之企圖。

（六）我艦隊作戰指導要領及兵力佈署

　A. 作戰指導要領

　　1. 等勢及劣勢之敵，即斷行攻擊並制敵機先。

　　2. 攻擊對我危害最大之目標。

　　3. 保持密集對形（距離300碼），以期集中與分火射擊。

　　4. 砲戰開始時機，以敵進入我主砲最大有效射程時，開始射擊，並以我艦砲發射速度較快之優點，採取先發制人之手段。

　　5. 避免進入窄狹水道，盡量誘敵外出，期以在廣闊海洋決戰。

　　6. 發現匪渡海船團進犯大陳本島時，則立刻進入保衛大陳戰鬥部署，竭盡全力截阻攻擊之。

　　7. 嚴密注意防空、防潛、防火、防水措施。

　　8. 被砲火轟擊猛烈時採取蛇航迴避。

　　9. 著重夜戰及奇襲之發揮。

　　10. 密切注意我海空聯合動作及對敵空襲時之有效迴避。

　B. 兵力部署

　　1. 太和艦加強中美巡弋線北段，往匪巡弋PON線注意搜索三門灣、南田灣及石浦方面海上匪情，並注意與永定艦密取聯繫。

2. 永順負責竹嶼、台州灣海面搜索監視（歸永定指揮）。

3. 永定、嘉陵在竹嶼、金門島向對小鵝冠、白帶門方面嚴密搜索警戒，過有匪艦來犯即全力截擊。

4. 太康、寶應負大陳本港警戒之責，並待機作機動支援。

四、作戰經過

第一階段（五月十六日 0035-0530 西北腰橫山附近海面）

我第二戰隊（永順、永定、嘉陵）於 0035 巡弋於一江西南時，在腰橫山西北發現匪艇向我發砲，當即備戰，但經雷達搜索並無匪艇蹤跡，惟見腰橫山、頭門東南海面時有紅綠閃光。

0354 雷達發現頭門西南有活動目標四個編隊南航，速度不定，似有突襲我艦之企圖，太康旗艦獲知該項情報後，及率 PGM 101 寶應出港，0415 接敵至 3,600 碼，開始全力轟擊，匪我展開激烈砲戰，匪艦一艘中彈不支，急向磨盤山方向逸去，迄 0446 因天黑水淺且受白沙之匪砲威脅，未繼續追擊，0535 解除備戰並向高島方面威力搜索。

第二階段（五月十六日 0605-0633 頭門西海面）

0205 據各方面情報判，匪可能有登陸鯁門、頭門、高島之企圖，0240 旗艦太康率寶應 101 出港急駛一江，並候太和會和編隊威力搜索，0247 備戰，0314 東磯山東雷達發現不明水上目標兩個，距離 15,000 碼向東航進，至 0336 二目標消失，0530 與第二戰隊會和，並飭向高島方面威力搜索，旗艦太康率寶應艦亦同時自一江山向頭門、鯁門方面搜索。0602 飭太和高速加入航行序列，0609 鯁門西南、頭門東北發現匪登陸艇一艘，距我 9,500 碼，旗艦即經涼帽嶼轉向西北追擊，並飭寶應艦單獨行

動向頭門西南攻擊該艇，迄 0613 匪艇隱入頭門西岸。0618 發現匪 FS 型艦二艘成縱隊出現於頭門西北，距我 6,000 碼向鯁門行駛中，我艦隊即向匪艦隊開始攻擊，距離 5,600 碼我艦第三次齊放時，匪第一艘艦即為我命中，激烈砲戰隨即展開，我太康艦因地形狹窄乃改向東南，至 0622 轉向西南與匪艦反航戰鬥，距離為 5,400 碼，太康艦尾後舵房附近中一彈，航行時進水頗劇，當即急行堵漏，並繼續砲戰。0625 我太和艦至涼帽嶼東北距離 10,000 碼處，即開始攻擊匪艦，我太康艦並發現匪砲艇一艘在頭門北側，遂同時以 40 糎砲加以轟擊，0627 匪 FS 艦第二艘主桅命中折斷，0629 驟降細雨，目視匪艦不清，距離漸遠，因地形狹窄，且匪已於十五日 2130 登陸鯁門、頭門，該區敵情不明，不便追擊。迄 0633 匪艦隱入鯁門水道，我艦停止射擊，太康率寶應艦返大陳整補，另太和艦仍巡弋中美巡邏北線，搜索漁山海面之敵。

第三階段（五月十六日 0731-0747 磨盤山、腰橫山海面）

0731 我第二戰隊發現匪艦四艘（PG 及 FS 各二艘），當即備戰駛向腰橫山西北方截擊，0740 接近至 8,000 碼，開始以主砲攻擊，匪亦同時還擊，砲戰約五分鐘，匪艦一艘受傷，即向磨盤山後逃竄，我為顧及白沙山水域，未行追擊，迄 0747 戰鬥停止。

第四階段（五月十六日 1150-1330 漁山西北海面）

1150 我太康艦巡弋至漁山西北海面時，發現菜花岐以東海面匪艦二艘（同高安型及潮安型各一艘），當即備戰並向匪接近。1238 距匪 9,500 碼，開始以主砲轟擊匪高安型艦，七次齊

放，匪艦中彈冒煙，向岸邊竄逃，未見還砲。1245 我艦停止射擊，在該區嚴密監視，1247 另發現陽字型匪艦兩艘，由三門灣方面駛來，連前二艦共四艘，分左右兩隊向我太和艦採取包圍態勢猛進。1300 距離 15,000 碼，匪陽字型艦向我艦轟擊，我以寡眾懸殊，遂轉有利航向，並增速避戰，旋即中彈損失甚劇。迄 1330 匪艦隊自動撤退。

第五階段（五月十六日 1802-1821 磨盤山、腰橫山海面）

1802 我第二戰隊發現有匪 FS 型艦二艘，當即備戰接近，1806 開始砲擊，匪艦即向磨盤山背後隱入，判係誘我進入白沙匪砲射程內，故未追擊，迄 1821 解除備戰繼續巡弋。

第六階段（五月十七日 0505-0608 小鵝冠、鯁門、高島以東海面）

十六日 2300 令飭雅龍艦 106 號率友軍工作艇 80 號自大陳啟航，深入敵後鯁門島執行仍潛伏該島我方工作人員卅餘人撤退。0030（十七日）航行途中，雷達發現匪艦 A 一艘，在東磯以東二浬處向西南移動，我艦即東駛以圖隱蔽，並備前進，我艦發現匪艦時，雷達曾受高壓電波之干擾，判匪艦可能有雷達之設備。0200 我艦抵達目的地鯁門、高島間 4,000 碼處警戒，80 號艇即進入登陸，0220 友艇電告二舢舨已離艇，我艦則以雷達繼續搜索前述匪船，下落不明。0353 我艦右舷鯁門以東海面，距離 2,000 碼處，發現匪砲艇 1、2、3、4 四艘，0415 匪艇 2、3、4 向我雅龍射擊十餘發，均落附近廿碼處，我艦因任務關係，未與還擊，並向白菱灣、高島山下藉山影隱蔽時，匪艇互通信號，其中 1 一艘以燈號向我艦詢問，我艦亦以燈號支吾答覆，匪見我燈號後即停止射擊，但仍向前接近。0440 80 號艇由登陸處返回

我艦右側,告以舢舨始終未歸,及港內三艘匪艇5、6、7向登陸
處接近,我艦遂再行掩護該艇至登陸處,迄0454抵達,發現匪
艇2、3、4尾隨我艦成包圍形勢,並在白菱灣內發現大型匪艦
B、C二艘,距我500碼。0505友艇至登陸處未發現二舢舨,並
與匪艇5遭遇,我艦乃駛前掩護友艇急速脫離,匪艇一度橫過我
艦50碼處,但當時霧濃視界不清,恐係友軍,故停俥,該艇亦
停俥,俟我艇辨係匪艇,並以全速衝去時,該艇已橫過我艦,並
用高速向右竄去,同時砲擊友艇,時天色將明,潮水已漲,友艇
判二舢舨已駛離鯁門島,並奉命返陳,我艦即護送返航。

0512匪艦B、C及匪艇七艘追蹤我艦,匪艇4在右後1,800
碼,匪艇3在左後2,000碼,我艦即通知友艇用全速遠離返陳,
並即轉向以全火力攻擊匪艇3,旋即逃逸,於是另集中火力轟
擊匪艇4,該艇中彈甚多,立時向右傾斜,旋即沉默。該時匪
艦B、C及其餘匪艇六艘亦向我射擊(是時我艦已奉命突圍返
陳),但我艦因目標小,轉動靈活,故仍能在敵包圍中從容創
敵,由東磯以東海面向大陳返航。匪艦A及匪砲艇始終尾隨追
擊,我艦繼續發射,廿分鐘後始回航,我無大損傷(左舷中彈二
發,但不嚴重)。此次戰鬥非僅完成任務,抑且發揮以寡擊眾之
奇妙戰果,堪足嘉許。

第七階段

(五月十七日0610-0703、1520-1530磨盤山及腰橫山之間海面)
0610我第二戰隊在磨盤山附近發現匪PG及FS型艦各二
艘,0615開始追擊,匪艦即轉向磨盤山背後逃逸,至0703解除
備戰,繼續巡弋。1520我第二戰隊在一江山以西,南北巡弋,
又在磨盤山方面發現匪PG及FS艦各二艘在長面山及磨盤山之

間水道活動，我戰隊即駛往追擊，旋即轉入磨盤山後消失，迄
1530解除備戰，繼續巡弋。

五、作戰後之狀況

（一）成果

　A. 匪我傷亡

　　匪傷亡不詳，我艦隊受傷人員十員，計第二階段輕傷太
　　和艦二員，太康艦五員，第四階段太和艦輕傷三員。

　B. 匪我損失

　　匪艦輕傷二艘，FS型艦重傷二艘，另一艘沉沒於草鞋
　　爬嶼東南一浬，匪砲艇被擊沉一艘，重傷一艘。
　　我艦輕傷三艘，計太康艦洞穿三處，漏水甚巨，彈片彈
　　著卅餘處。太和艦彈著傷四十餘處，醫務室中彈洞穿約
　　四英呎，室內設備全毀，錨機房左舷進彈，右舷出彈，
　　雷達全部震壞，當時該艦已不能作戰。雅龍艦左舷中彈
　　二發。

（二）彈藥消耗（發）

彈藥種類＼艦名	3"	40mm	25mm	20mm	其他
太和	158	37			
太康	217	96			
寶應	30	320			
永定	58	418		114	
永順	81	480			短藥筒一發
嘉陵	10	32			
雅龍	92	512	100		
合計	646	1,895	100	114	短藥筒一發

六、檢討

（一）優點

A. 我方

1. 指揮官能依據敵情及確保大陳之任務，預作正確之狀況判斷，嚴密佈署，處置迅速，能完成使命。

2. 指揮官決心正確堅定，企圖心旺盛，特能發揮主動積極之攻擊精神。

3. 匪我兵力懸殊（匪 DD × 3、PG × 4、FS × 4、YP × 15、LST × 2，我 DE × 2、AM × 2、PGM × 3），我能以寡擊眾，致敵未得逞，而形成海戰史上之奇蹟。

4. 太和以大無畏之戰鬥精神，先力敵匪二艦，繼續誘出二艘之增援匪艦，圓滿達成搜索偵察之任務。

5. 太康艦射擊迅速，制敵機先，挫匪戰志。

6. 雅龍艦實施夜戰奇襲，以寡擊眾，力創頑匪，振奮軍威，充分發揮革命精神，並圓滿達成艱巨之任務。

7. 各艦官兵士兵高昂，奮勇用命，戰鬥意志堅強，攻擊精神旺盛，應戰沉著。

8. 各艦官兵警覺性甚高，經本次海戰戰役後增加海戰經驗甚多。

9. 各艦通信聯絡良好，陸海聯絡尚可，惟海空通信欠佳。

10. 緊急修護補給迅速，有利戰機。

B. 匪方

1. 能依島嶼及岸砲掩護，並利用地形作內線運動，攻守自如。

2. 行動詭密，頗難判斷其企圖。

3. 採以大吃小、以多勝少之戰術。

4. 無勝算絕不出戰。

5. 接敵時能依山背島佔有利對勢。

6. 主砲口徑大，射程遠，射擊準確，命中率高，可能
   為電動指揮儀操縱（主砲為俄製 5".1）。

7. 先期作戰佈署嚴密，繼以劣勢兵力誘我追擊，深入其
   潛伏水域，乃以主力圍擊及岸砲之協力，企圖殲滅我
   艦隊。

8. 優勢之空軍可能配合其艦隊作戰，具有控制本區制
   空權之勢態。

9. 利用大量漁船阻礙航道，並窺伺我之兵力動態，分散
   我巡弋艦之注意力。

（二）缺點

　A. 我方

1. 我受戰場地形限制，不得適時適切展開戰鬥序列，
   致使各艦砲火力不能同時集中發揮。

2. 艦隊兵力有限，於本區全面備戰警戒之際，分區巡弋
   及護航與特種任務等之執行，更形分散，猝然發現敵
   情，頗難作適切之集中。

3. 主砲口徑大小（3"），不易重傷匪艦或擊沉。

4. 太和單艦作戰有感勢孤，且離基地甚遠，支援不易，
   如更受重傷則救助極難。

5. 艦型複雜，編隊運動時困難甚大。

6. 艦隊防區遼闊，兵力薄弱，因負有保衛大陳最高任務
   關係，只能擊劣勢、均勢之敵，而礙難與匪優勢艦隊
   斷行決戰。

7. 根據大陳防衛部十五日之情報判斷，匪有襲擊鯁門

嶼、竹嶼、高島一帶真空島嶼之可能，本部除即刻佈署外，並飭太和、永定、永順、嘉陵各艦向大陳以北以西搜索，監視匪之行動，惜指揮艦永定對電信收譯太慢，未能依令早就指定部位，致未能殲匪登陸部隊於水際或灘頭，而未獲致更大之殲匪戰果，殊為可惜。

8. 各艦官兵缺員甚多，且各艦裝備物質情況不良，影響戰力甚巨。

9. 兵力有限，任務繁多，經已靈活運用至最大極限，各艦官兵疲於奔命，且平日營養太差，體力日減，難以持久作戰。

10. 海軍各艦之戰備狀態之充實與戰鬥教練，應有進一步加強之必要。

B. 匪方

1. 匪艦船四艦圍攻太和之際，未能把握戰機，藉其優勢一股而殲滅之，判斷其指揮官之指揮殊屬拙劣。

2. 主砲口徑大而未能充分發揮其威力，致難獲致較大戰果。

3. 士氣低落，無旺盛之攻擊精神。

4. 戰鬥開始即中彈，張惶失措，射擊偏差太大。

5. 藉島嶼掩護作戰，不敢挾其優勢兵力遠海作戰，主動出擊。

6. 海空均優勢，但未能配合作戰。

腰橫山與頭門間海戰戰鬥略圖

第一階段（43.5.16 0035-0530）

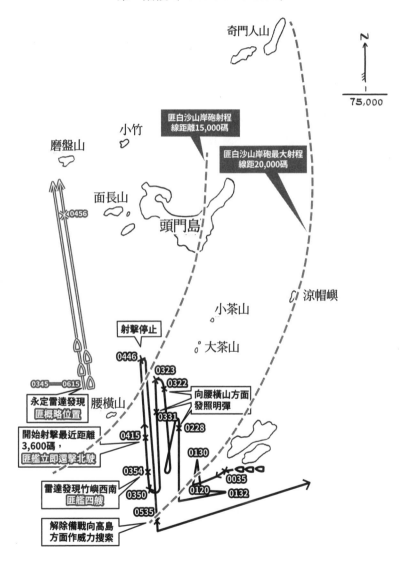

頭門島（竹嶼）鯁門島（金門）海戰戰鬥略圖
第二階段（43.5.16 0605-0633）

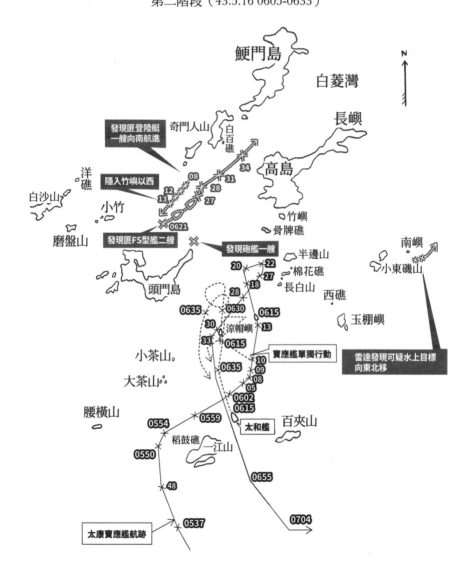

腰橫山磨盤山間海戰戰鬥略圖

第三階段（43.5.16 1800-1821）

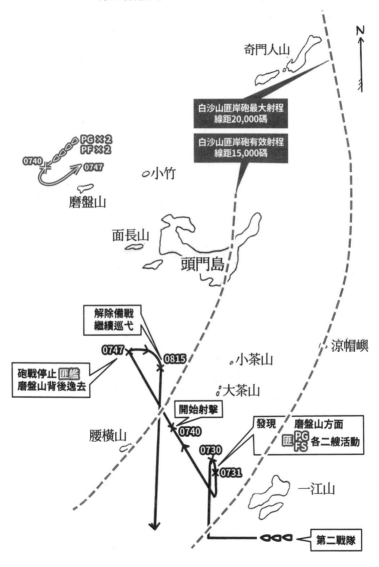

漁山海戰戰鬥略圖
第四階段（43.5.16 1150-1330）

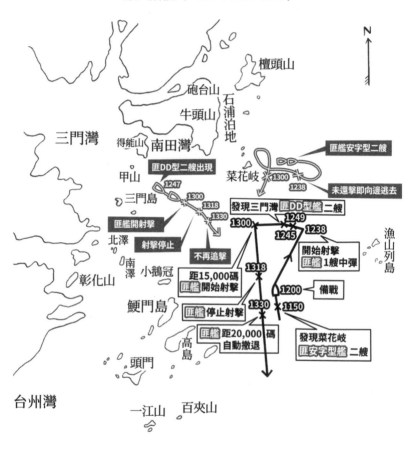

腰橫山磨盤山間海戰戰鬥略圖

第五階段（43.5.16 0730-0815）

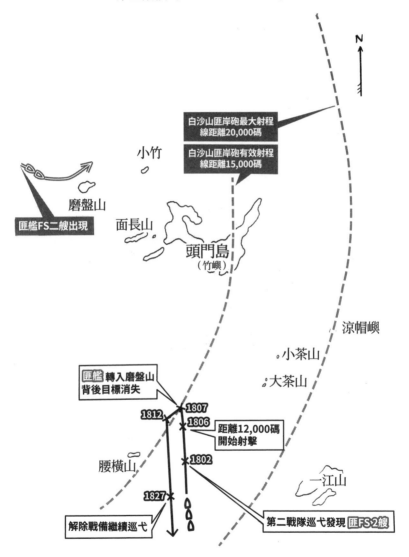

N

白沙山匪岸砲最大射程
線距離20,000碼

白沙山匪岸砲有效射程
線距離15,000碼

小竹

磨盤山

面長山

匪艦FS二艘出現

頭門島
（竹嶼）

涼帽嶼

小茶山

大茶山

匪艦 轉入磨盤山
背後目標消失

1807

1812

1806

距離12,000碼
開始射擊

腰橫山

1802

一江山

1827

解除戰備繼續巡弋

第二戰隊巡弋發現 匪 FS 2艘

浙海戰役要圖－鯁門島白菱灣海面

第六階段（43.5.17 0505-0608）

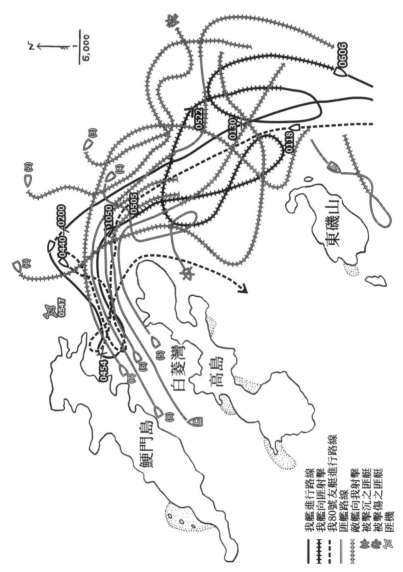

我艦進行路線
我艦向匪射擊
我80號友艇進行路線
匪艦向我射擊
敵艦沉之匪艇
被擊傷之匪艇
匪機

腰橫山磨盤山間海戰戰鬥略圖

第七階段（43.5.17 0610-0730、1520-1530）

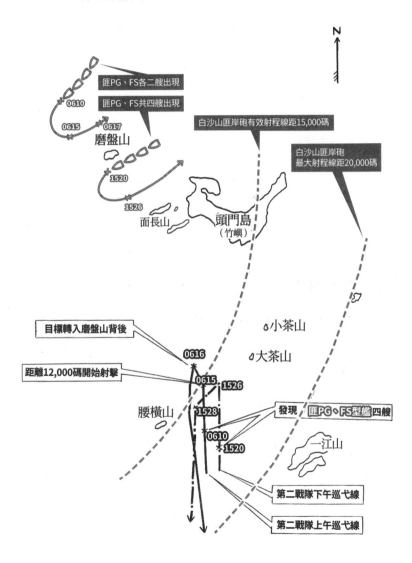

民國史料 94

海軍戡亂回憶錄（四）
沿海島嶼爭奪戰

Memoirs of Navy during Suppression of
the Communist Rebellion
Section IV: Coastal Islands

編　　者　民國歷史文化學社編輯部
總 編 輯　陳新林、呂芳上
執行編輯　林弘毅
排　　版　溫心忻
助理編輯　詹鈞誌

出　　版　開源書局出版有限公司
　　　　　香港金鐘夏愨道 18 號海富中心
　　　　　1 座 26 樓 06 室
　　　　　TEL：+852-35860995

　　　　　民國歷史文化學社 有限公司
　　　　　10646 台北市大安區羅斯福路三段
　　　　　　　　37 號 7 樓之 1
　　　　　TEL：+886-2-2369-6912
　　　　　FAX：+886-2-2369-6990

初版一刷　2024 年 7 月 31 日
定　　價　新台幣 420 元
　　　　　港　幣 115 元
　　　　　美　元 16 元
I S B N　978-626-7543-02-3
印　　刷　長達印刷有限公司
　　　　　台北市西園路二段 50 巷 4 弄 21 號
　　　　　TEL：+886-2-2304-0488

http://www.rchcs.com.tw

國家圖書館出版品預行編目 (CIP) 資料
海軍戡亂回憶錄.四,沿海島嶼爭奪戰 =
Memoirs of navy during suppression of the
communist rebellion section IV : coastal
islands / 民國歷史文化學社編輯部編. -- 初版. --
臺北市 : 民國歷史文化學社有限公司, 2024.07

　面；　公分. -- (民國史料 ; 94)

ISBN 978-626-7543-02-3 (平裝)

1.CST: 國共內戰　2.CST: 海軍　3.CST: 戰役

628.62　　　　113010688